IFCT0087

SEGURIDAD DIGITAL BÁSICA

IFCT0087

SEGURIDAD DIGITAL BÁSICA

Arturo E. Mata

La ley prohíbe
fotocopiar este libro

IFCT0087 - SEGURIDAD DIGITAL BÁSICA
Thema: UR Seguridad Informática
Bisac: COM053000
© Arturo E. Mata
© De la edición: Ra-Ma 2024

Editado por:
RA-MA Editorial
Calle Jarama, 3A, Polígono Industrial Igarsa
28860 PARACUELLOS DE JARAMA, Madrid
Teléfono: 91 658 42 80
Fax: 91 662 81 39
Correo electrónico: info@grupoeditorialrama.com
Internet: *www.ra-ma.es* y *www.ra-ma.com*
ISBN: 978-84-1036-089-1
Depósito legal: M-26018-2024
Maquetación: Antonio García Tomé
Diseño de portada: Antonio García Tomé
Filmación e impresión: Safekat
Impreso en España en noviembre de 2024

¡A Dios, especialmente a mi madre, mi esposa Francelys y a mis hijas Ana y María! Por ser el motor que siempre me motivó cumplir mis metas, también mi agradecimiento a todos los profesionales que me acompañaron durante este camino, orientándome en todo momento.

ÍNDICE

ACERCA DEL AUTOR

Arturo E. Mata es un escritor y profesional venezolano de la seguridad informática con más de 20 años de experiencia. Es autor de varios libros de Hacking y Ciberseguridad, incluido "Curso de programación Bash Shell": Fundamentos teóricos y prácticos para el reconocimiento, evaluación y explotación de vulnerabilidades informáticas (2022) y "Kali Linux para Hackers: Técnicas y metodologías avanzadas de seguridad informática ofensiva" (2023), y "Seguridad de Equipos Informáticos. Edición 2024". Ha trabajado en el campo de la seguridad informática y protección industrial, en Petróleos de Venezuela.

En cuanto a sus títulos profesionales y certificaciones de la industria, *Mata es Master in Cyber Security* por *OPSWAT Academy*, un programa avanzado de formación para capacitar a profesionales en la protección de infraestructura crítica en sistemas de control industrial, *Network Security Specialist* por el *International CyberSecurity Institute* (ICSI), una organización internacional que ofrece capacitación en seguridad informática. También como *CSI Linux Certified Investigator* que, se enfoca en el uso de la distribución GNU CSI Linux para realizar investigaciones forenses informáticas y cibernéticas, *Certified in Cybersecurity* por el *International Information Systems Security Certification Consortium* (ISC)², una organización internacional que ofrece certificaciones en seguridad de la información,

Ethical Hacker por *Cisco Networking Academy*, un programa global de educación en ciberseguridad y TI, *Ethical Hacking Expert* por *OPSWAT*. Y una certificación en Seguridad Informática Ágil por el Instituto de Ciberdefensa de México, demostrando su compromiso con el aprendizaje continuo y su capacidad para aplicar principios ágiles a la seguridad informática.

Además, cuenta con una diplomatura en Seguridad Informática por el Politécnico de Suramérica, una institución educativa privada colombiana que ofrece programas de ingeniería y ciencias.

Arturo es un apasionado de la seguridad informática y está comprometido con la difusión de conocimientos y habilidades en esta área. Es un miembro activo de la Sociedad Venezolana de Computación y participa regularmente en eventos relacionados con la ciberseguridad.

Dirección de correo electrónico de contacto: *arturo.mata@gmail.com*

INTRODUCCIÓN

En la era digital en la que vivimos, la conectividad es la base que conecta a personas, comunidades y empresas en una red global. Este entrelazamiento digital ha traído una increíble expansión de oportunidades y avances, pero también ha creado algunos desafíos y amenazas sin precedentes.

La Ciberseguridad, tema principal de este trabajo, se ha convertido en un pilar imprescindible en este mundo conectado. La base de nuestra sociedad moderna depende cada vez más de sistemas informáticos complejos y datos digitales que requieren protección, seguridad y resiliencia frente a amenazas constantes y en evolución.

Este libro elaborado para proporcionar una comprensión práctica y profunda de los principios, herramientas y estrategias esenciales en el campo de la seguridad de redes.

A lo largo de estas páginas, exploraremos desde los conceptos básicos hasta las últimas tendencias en seguridad cibernética. Analizaremos las amenazas que acechan en la oscuridad de la red mundial de Internet, desglosaremos los fundamentos de la protección de datos y sistemas, y nos sumergiremos en las mejores prácticas que fortalecen la postura de seguridad de cualquier entorno digital.

El propósito de este libro no es sólo impartir conocimientos teóricos sino también proporcionar a los lectores herramientas prácticas y estrategias efectivas. Está diseñado como un faro en el vasto océano digital, ayudando a estudiantes y profesionales a encontrar e implementar soluciones que garanticen la integridad, seguridad y disponibilidad de la información en el universo virtual.

Al final de cada capítulo, encontrarás ejercicios y reflexiones que fortalecerán tu comprensión y te retarán a aplicar lo que has aprendido. Este libro es una invitación a un viaje emocionante a través del cambiante panorama de la ciberseguridad y promete equiparlo con las habilidades que necesita para resolver problemas y aprovechar oportunidades dentro de un ecosistema. Lo digital siempre es dinámico.

¡Bienvenido a un viaje hacia la seguridad digital!

1

SEGURIDAD EN INTERNET

1.1 RESILIENCIA EN LA SEGURIDAD EN INTERNET

Vivimos en una era digital donde la conectividad ha transformado la forma en que vivimos, trabajamos y nos comunicamos. Sin embargo, esta interconexión también ha dado lugar a desafíos significativos en cuanto a la seguridad en Internet. Las amenazas cibernéticas evolucionan constantemente, exigiendo respuestas adaptativas y estrategias efectivas. En este libro, exploraremos el concepto de resiliencia en el ámbito de la seguridad en Internet, destacando la importancia de enfrentar las amenazas digitales con una mentalidad resiliente.

En la era digital, la resiliencia emerge como un pilar fundamental para la seguridad en línea. Este capítulo explorará los cimientos sobre los cuales se construye la resiliencia digital, destacando su importancia en la respuesta efectiva a las amenazas cibernéticas.

1.1.1 Fundamentos de la resiliencia digital

En la era digital, la resiliencia emerge como un pilar fundamental para la seguridad en línea. Este capítulo explorará los cimientos sobre los cuales se construye la resiliencia digital, destacando su importancia en la respuesta efectiva a las amenazas cibernéticas.

La resiliencia digital es un pilar fundamental en ciberseguridad, ya que se refiere a la capacidad de una organización para resistir, adaptarse y recuperarse de amenazas y ataques cibernéticos. En el contexto actual, donde las empresas dependen en gran medida de la tecnología, la resiliencia digital se vuelve crucial para garantizar la continuidad del negocio y la protección de los activos digitales.

Los fundamentos de la resiliencia digital se basan en la profunda comprensión de los activos críticos de la organización, la identificación de las amenazas potenciales y la implementación de medidas proactivas para mitigar los riesgos. Esto incluye la adopción de prácticas de seguridad cibernética robusta, la realización de pruebas de penetración y la implementación de controles de seguridad adecuados.

Además, la resiliencia digital implica la capacidad de recuperación después de un incidente, lo que incluye la planificación de la respuesta a incidentes, la implementación de medidas de contingencia y la realización de copias de seguridad y restauración de datos. Asimismo, la formación y concienciación de los empleados sobre las buenas prácticas de seguridad cibernética son aspectos fundamentales de la resiliencia digital.

Un ejemplo de resiliencia digital es el caso de una empresa que experimenta un ciberataque que compromete su sistema de información y afecta su capacidad para operar. En lugar de verse paralizada por el ataque, la empresa ha implementado proactivas de seguridad cibernética, como la segmentación de redes y la implementación de medidas de control de acceso, lo que le permite aislar el ataque y minimizar su impacto.

Además, la empresa ha desarrollado un plan de respuesta a incidentes que incluye la identificación rápida del ataque, la notificación a las partes interesadas y la restauración de los sistemas afectados. Gracias a estas medidas, la empresa puede recuperarse rápidamente del ataque y continuar operando con normalidad, lo que demuestra su resiliencia digital.

La resiliencia en la seguridad en Internet en España es un tema de creciente importancia debido a la dependencia creciente de las organizaciones en la conexión a Internet y la creciente amenaza de ciberataques. A continuación, se presentan algunos aspectos clave de la resiliencia en la seguridad en Internet en España:

- ▶ **Infraestructura:** la existencia y disponibilidad de la infraestructura física que proporciona la conectividad a Internet es fundamental para garantizar la resiliencia en la seguridad en Internet.

- ▶ **Rendimiento:** la capacidad de la red para proporcionar a los usuarios finales un acceso fluido y confiable a los servicios es esencial para garantizar la resiliencia en la seguridad en Internet.

- ▶ **Seguridad:** la capacidad de la red para resistir interrupciones intencionadas o no intencionadas mediante la adopción de tecnologías de seguridad y mejores prácticas es fundamental para garantizar la resiliencia en la seguridad en Internet.

▶ **Ciberseguridad:** es un aspecto crítico de la resiliencia en la seguridad en Internet, ya que se refiere a la capacidad de las organizaciones para protegerse de los ciberataques y mantener la continuidad de sus operaciones.

▶ **Plan de resiliencia:** un plan de resiliencia informática es esencial para garantizar la capacidad de las organizaciones para enfrentar y superar los ciberataques. Este plan debe incluir el reforzamiento de las medidas de seguridad frente a amenazas externas, la inversión en equipos adecuados y la mitigación de los riesgos.

▶ **Ciberresiliencia:** es un enfoque flexible que combina disciplinas de ciberseguridad, continuidad del negocio y resiliencia. Las empresas ciberresilientes pueden funcionar incluso durante amenazas y ataques beneficiosos, lo que les permite aceptar la disrupción con seguridad, fortalecer la confianza de los clientes y aumentar el valor para los accionistas.

Para construir resiliencia digital dentro de una organización, se pueden seguir los siguientes pasos

▶ Identificar los activos críticos y los riesgos potenciales.
▶ Implementar medidas proactivas de seguridad cibernética.
▶ Desarrollar un plan de respuesta a incidentes.
▶ Realizar pruebas de penetración y evaluaciones de seguridad regulares.
▶ Implementar controles de seguridad adecuados.
▶ Realizar copias de seguridad y restauración de datos.
▶ Formar y concienciar a los empleados sobre las buenas prácticas de seguridad cibernética.

ⓘ INFORMACIÓN

La resiliencia digital es esencial para garantizar la seguridad y la continuidad del negocio en un entorno digitalmente interconectado y en constante evolución. La resiliencia digital implica la profunda comprensión de los activos críticos, la identificación de las amenazas potenciales y la implementación de medidas proactivas para mitigar los riesgos

---

1.1.2 Principios de seguridad en Internet

La seguridad en Internet es un tema crítico en la actualidad, ya que la dependencia de la tecnología y la conectividad a Internet continúa creciendo.

A continuación, se presentan algunos principios fundamentales de seguridad en Internet:

► **Navegador seguro:** es importante utilizar un navegador seguro para acceder a Internet. Los navegadores seguros tienen características de seguridad incorporadas, como la protección contra phishing y la detección de sitios web maliciosos.

Algunos ejemplos de navegadores seguros incluyen:

- **Mozilla Firefox:** con un enfoque en la privacidad y la protección contra el rastreo, Firefox es conocido por su énfasis en la seguridad y la protección de la privacidad del usuario.

- **Brave:** este navegador se centra en la privacidad y la seguridad, bloqueando anuncios y rastreadores de forma predeterminada.

- **Navegador Tor:** Tor es un navegador que prioriza el anonimato y la privacidad, enmascarando la dirección IP del usuario y enrutando el tráfico a través de una red de servidores.

- **DuckDuckGo:** conocido por su motor de búsqueda de usuario centrado en la privacidad, el navegador de DuckDuckGo también se enfoca en la protección de la privacidad del usuario.

► **Bloqueador de publicidad:** los bloqueadores de publicidad pueden ayudar a proteger contra anuncios maliciosos y sitios web que intentan instalar software malicioso.

Ejemplos:

- **AdBlock Plus:** es un bloqueador de publicidad gratuito y popular que se puede instalar en varios navegadores, como Google Chrome, Mozilla Firefox, Safari, iOS y Android. Esta extensión bloquea una amplia gama de anuncios, incluyendo banners, anuncios en vídeos de YouTube, anuncios en Facebook y ventanas emergentes.

- **Ghostery**: es una potente extensión de privacidad que ofrece un bloqueador de anuncios y rastreadores para una navegación más segura y rápida. Esta extensión está disponible en varios navegadores y dispositivos, como Google Chrome, Mozilla Firefox, Safari, iOS y Android. Ghostery bloquea anuncios, detiene rastreadores y acelera la carga de sitios web, lo que proporciona una experiencia de navegación más segura y sin anuncios.

► **Antimalware:** el software antimalware es esencial para proteger contra virus, troyanos y otros tipos de software malicioso.

Ejemplos:

- **Kaspersky Antivirus:** es una solución de seguridad informática que ofrece protección antivirus en tiempo real contra una amplia gama de amenazas, incluyendo *ransomware*, malware, spyware y otras ciberamenazas.

- **Norton Antivirus:** es un software antivirus desarrollado por la división "Norton" de la empresa Symantec. Norton Antivirus es uno de los programas antivirus más utilizados en equipos personales y ofrece protección en tiempo real contra una amplia gama de amenazas.

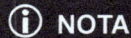 **Administrador de contraseñas:** los administradores de contraseñas pueden ayudar a proteger las contraseñas y evitar el uso de contraseñas débiles o repetidas.

Ejemplos:

- **LastPass:** es una galardonada aplicación de gestión de contraseñas que ofrece un almacenamiento seguro de contraseñas y datos personales en una bóveda encriptada. La aplicación está disponible en una variedad de plataformas, incluidos navegadores web, dispositivos móviles y sistemas operativos de escritorio.

- **1Password:** es un gestor de contraseñas desarrollado por AgileBits Inc. Proporciona un lugar para que los usuarios almacenen varias contraseñas, licencias de software y otra información sensible en una bóveda encriptada.

ⓘ **NOTA**

Mantener contraseñas seguras, actualizar el software y evitar hacer clic en enlaces y archivos adjuntos sospechosos son medidas importantes para prevenir los ataques de phishing.

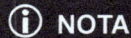 **VPN:** las redes privadas virtuales (VPN) pueden ayudar a proteger la privacidad en línea y proteger contra el seguimiento y la vigilancia.

Ejemplos:

- **NordVPN:** es una red privada virtual que permite proteger la privacidad en línea y proteger contra el seguimiento y la vigilancia.

- **PsiphoneVPN:** es otra VPN que permite proteger la privacidad en línea y protegerse del seguimiento y la vigilancia.

▶ **Control parental:** el control parental puede ayudar a proteger a los niños de contenido inapropiado en línea y limitar su exposición a riesgos en línea.

Ejemplos:

- **Kaspersky Safe Kids:** es un control parental que permite proteger a los niños de contenido inapropiado en línea y limitar su exposición a riesgos en línea.

- **Net Nanny:** es otro control parental que permite proteger a los niños de contenido inapropiado en línea y limitar su exposición a riesgos en línea.

▶ **Etiqueta en línea:** la etiqueta en línea es importante para mantener una comunicación respetuosa y segura en línea. Esto incluye evitar el acoso en línea, respetar la privacidad de los demás y evitar compartir información personal en línea.

A continuación, se presentan algunos ejemplos de cómo mantener una etiqueta en línea:

- **Trata a los demás como te gustaría ser tratado:** al igual que en la vida real, es importante tratar a los demás con respeto y consideración en línea. Evita los insultos, las provocaciones y las amenazas.

- **Respeta la privacidad de los demás:** no difundas información personal de otros sin su consentimiento. Pregunta antes de etiquetar a alguien en tus publicaciones en las redes sociales.

- **Evita el ciberbullying:** no dejes que tus emociones hablen en línea. Evita conflictos y comentarios negativos que puedan afectar a cualquier usuario y atentar contra su intimidad y propia imagen.

- **Verifica tus fuentes:** investiga a fondo antes de hacer afirmaciones objetivas en Internet. Comprueba siempre lo que otros afirman que es cierto y aprende a evaluar sus fuentes.

- **Sé responsable:** recuerda que las redes sociales no son un juego. Eres responsable de tus acciones en línea y de cómo afectan a los demás.

▶ **Políticas de seguridad:** las políticas de seguridad son esenciales para garantizar la seguridad en línea en las organizaciones. Esto incluye la implementación de medidas de seguridad cibernética, la formación y concienciación de los empleados sobre las buenas prácticas de seguridad cibernética y el desarrollo de planes de respuesta a incidentes efectivos.

Las políticas de seguridad informática según ISO 27002:2022, son una herramienta vital para las empresas, sin importar su tipo o tamaño. Estas políticas deben estar basadas en una identificación y análisis previo de los riesgos a los que se enfrenta la organización. Además, deben estar documentadas y definir claramente la posición de la organización respecto a la seguridad. Algunas de las políticas relacionadas con la seguridad de la información son:

- **Política del sistema de gestión de seguridad de la información (SGSI):** consiste en los principios y guías para la seguridad de la información en una organización. Un ejemplo de esta política es la política de seguridad de la información y , que determina los objetivos de la seguridad de la información, la identificación y tratamiento de los riesgos, y los procesos definidos en la sección de principios.

- **Política de control de acceso físico:** esta política establece las normas y directrices para el control de acceso físico a los recursos de una organización, estos procedimientos son instructivos en materia de seguridad de la información y garantiza la continuidad del negocio frente a incidentes.

- **Política de limpieza del puesto de trabajo:** son normas y directrices para la limpieza del puesto de trabajo y la eliminación de información confidencial. Estableciendo los requisitos y pautas necesarios para proteger la información y los sistemas de una compañía.

- **Política de software no autorizado:** esta política establece las normas y directrices para la instalación y uso de software en los sistemas de una organización.

- **Política de descarga de ficheros (red externa/interna):** esta política establece las normas y directrices para la descarga de ficheros desde la red externa o interna de una organización. Con el objetivo de establecer las medidas técnicas y organizativas para garantizar la confidencialidad, integridad y disponibilidad de la información y minimizar los riesgos que le afectan.

- **Política de copias de seguridad:** determina las normas y directrices para la realización y almacenamiento de copias de seguridad de la información de una organización. A través de procedimientos e instructivos en materia de seguridad de la información y garantiza la continuidad del negocio frente a incidentes.

- **Control de acceso:** este concepto se refiere a las medidas técnicas y organizativas para controlar el acceso a los recursos de una organización. Un ejemplo de control de acceso es la política de control de acceso físico de la política de seguridad y privacidad de la información.

- **Clasificación de la información:** consiste en la identificación y clasificación de la información según su nivel de confidencialidad y la aplicación de medidas de seguridad adecuadas. Establece la identificación y tratamiento de los riesgos y la clasificación de la información según su nivel de confidencialidad.

- **La seguridad física y ambiental:** este concepto se refiere a las medidas técnicas y organizativas para garantizar la seguridad física y ambiental de los recursos de una organización. Son políticas, procedimientos e instructivos en materia de seguridad de la información y garantiza la continuidad del negocio frente a incidentes.

¿Qué es la tríada CIA?

La tríada CIA (en inglés CIA Triad) es un acrónimo de confidencialidad, integridad, disponibilidad que es la estructura principal de la organización en cuanto a la seguridad de la información. El sitio web ha sido pirateado, o incluso si hay una fuga importante de información confidencial (contraseñas, datos personales, copias de seguridad, etc.), significa que se ha violado al menos uno de los tres principios de la tríada.

Figura 1.1. Tríada CID. Una política de información establece un enfoque básico para la seguridad de la información mediante la documentación de medidas, procedimientos y comportamiento previsto. Todo es parte del objetivo final: la protección de datos.

A continuación, se presentan algunos conceptos y ejemplos relacionados con la tríada de la CIA:

▶ **Confidencialidad:** este principio se refiere a la protección de la información contra el acceso no autorizado. Un ejemplo de confidencialidad es la encriptación de datos sensibles para evitar que sean leídos por personas no autorizadas.

▶ **Integridad:** este principio se refiere a la protección de la información contra la modificación no autorizada. Un ejemplo de integridad es la utilización de firmas digitales para garantizar que los datos no han sido modificados desde su creación.

▶ **Disponibilidad:** este principio se refiere a la garantía de que la información esté disponible para los usuarios autorizados cuando sea necesario. Un ejemplo de disponibilidad es la utilización de sistemas redundantes que están programados para estar disponibles siempre que un sistema principal se vea comprometido.

> ### ⓘ NOTA
>
> Recuerde siempre que las instituciones financieras no solicitarán sus datos confidenciales por correo electrónico o redes sociales. Intenta encontrar críticas independientes e imparciales de cualquier sitio web o servicio que utilice. Para obtener más información sobre cómo identificar y protegerse contra ese tipo de ataques en línea, consulte las páginas de información de Avast sobre phishing, ingeniería social, estafas y robo de identidad. Recuerda siempre la regla de oro: no importa lo que se ofrezca o lo verosímil que parezca, probablemente no sea verdad.

A la hora de gestionar la política de privacidad de una empresa, es importante tener en cuenta ciertos aspectos para garantizar que el rendimiento de la empresa sea lo más óptimo posible. A continuación, hablaremos de 7 consejos a tener en cuenta para una excelente gestión.

▶ **Mantener una política de privacidad actualizada**

Uno de los aspectos más importantes de la gestión de políticas de seguridad de la información es la adaptabilidad. Esto significa que debe ser un plan flexible que se pueda adaptar a las diferentes formas de acceder a la información de la empresa.

En este sentido, es ideal para soportar políticas lideradas por tecnología (dispositivos móviles, computadoras, servidores, dispositivos de almacenamiento) que hoy en día se gestionan para la transmisión y el intercambio de información. Por otro lado, cada día surgen nuevas amenazas de ciberseguridad para los equipos, que requieren una política de seguridad que garantice una respuesta adecuada a las amenazas que ponen en riesgo a las organizaciones.

▼ Identificar qué excepciones representan un riesgo

Otro aspecto sumamente importante es saber qué tipo de excepciones para acceder a la información empresarial constituyen una vulnerabilidad crítica que podría poner en peligro algunos datos no públicos. Idealmente, las políticas de seguridad deben revisarse periódicamente para garantizar que no haya infracciones graves que puedan comprometer la seguridad de los empleados.

▼ Registra tu política de privacidad

Una vez establecida la política de seguridad de la información, ésta debe quedar por escrito y ponerse a disposición de todos los empleados de la empresa. De esta manera, podrán acceder rápidamente a él para conocer los pasos a seguir en caso de circunstancias imprevistas que puedan poner en peligro información crítica. 4. Mantenga una visibilidad completa de todos sus activos digitales

El hecho de que todos los activos digitales estén en la misma plataforma permite monitorearlos las 24 horas del día, los 7 días de la semana para protegerse contra cualquier ciberamenaza que pueda comprometer la seguridad de los activos de la empresa. En este sentido, la mayoría de las políticas de privacidad se enfocan en la adecuada protección de cada activo digital que constituye el punto de acceso a la información empresarial.

▼ Configuración de políticas

Todas las empresas tienen la misma política de privacidad porque cada empresa tiene objetivos diferentes. Esto se debe a que cada organización debe adaptar su política de seguridad de la información a sus necesidades. Por lo tanto, los propósitos de estas políticas deben estar alineados con los objetivos de la organización. Por ejemplo, la política de privacidad de una empresa con respecto a la información bancaria de un cliente será diferente de la política de una empresa de no almacenar dicha información confidencial.

▼ **Cumple con todas las regulaciones aplicables**

Otro factor importante es el cumplimiento de las normas que se aplican al proceso comercial de los datos personales, ya sean empleados, accionistas, clientes, etc. Para lograrlo, cada empresa debe realizar un análisis de riesgo exhaustivo y aplicar medidas de seguridad acordes con la normativa, adecuadas al nivel de riesgo. 7. Confíe en los expertos.

Por último, debe ponerse en contacto con expertos en gestión de políticas de privacidad, que le proporcionarán medidas específicas para cada empresa. Con la ayuda de expertos, es más fácil desarrollar una política de seguridad adecuada para las operaciones de su empresa, garantizando la seguridad, confidencialidad y disponibilidad de los datos almacenados.

ⓘ **NOTA**

Las políticas de seguridad son esenciales para garantizar la protección de la información y minimizar los riesgos que le afectan. Estas políticas deben estar basadas en una identificación y análisis previo de los riesgos a los que se enfrenta la organización y deben estar documentadas y definir claramente la posición de la organización respecto a la seguridad.

1.1.3 Lecciones de ataques cibernéticos históricos

En los últimos años, se han producido varios ataques cibernéticos notorios en España y Europa que han puesto de manifiesto la capacidad destructiva de las amenazas digitales. Uno de los casos más destacados es el gusano Stuxnet, que fue descubierto en 2010 y se cree que fue desarrollado por Estados Unidos e Israel para sabotear el programa nuclear de Irán. Stuxnet se propagó a través de dispositivos USB y afectó a millones de sistemas informáticos en todo el mundo, incluyendo infraestructuras críticas como centrales nucleares y plantas de energía.

Otro caso destacado es el ataque a Equifax en 2017, que afectó a más de 143 millones de personas en todo el mundo. Los ciberdelincuentes accedieron a los datos personales de los clientes de Equifax, incluyendo nombres, direcciones, números de seguridad social y fechas de nacimiento. El ataque fue posible debido a una vulnerabilidad en el software utilizado por Equifax, lo que puso de manifiesto la importancia de mantener los sistemas informáticos actualizados y protegidos.

Estos incidentes ilustran la capacidad destructiva de las amenazas digitales y resaltan la importancia de la ciberseguridad y la resiliencia digital. Las lecciones aprendidas de estos ataques han llevado a la adopción de medidas para fortalecer la seguridad en Internet, como la implementación de mejores prácticas de seguridad cibernética, la inversión en tecnologías de seguridad y la formación y concienciación de los empleados sobre las buenas prácticas de seguridad cibernética.

En el caso de Stuxnet, se demostró la creciente sofisticación de los ataques cibernéticos y la importancia de la seguridad en la cadena de suministro. Stuxnet se infiltra en el sistema de control de las centrifugadoras a través de una empresa, lo que subraya la necesidad de que las empresas aseguren que sus proveedores y contratistas estén también protegidos. Además, se destacó la necesidad de proteger la infraestructura crítica, ya que el gusano afectó a infraestructuras críticas como centrales nucleares y plantas de energía.

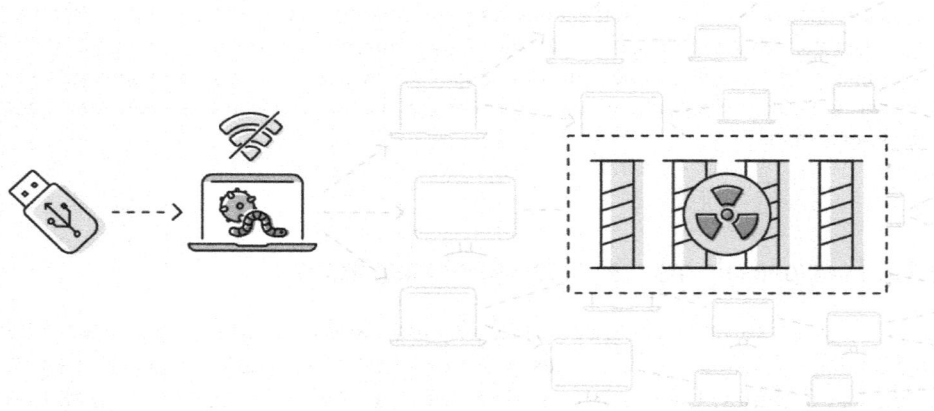

Figura 1.2. El gusano Stuxnet atacó la red que controlaba el programa nuclear de Irán. (Fuente: *https://www.avast.com/*)

En el caso del ataque a Equifax, se puso de manifiesto la importancia de mantener los sistemas informáticos actualizados y protegidos. El ataque fue posible debido a una vulnerabilidad en el software utilizado por Equifax, lo que resalta la importancia de la ciberseguridad y la resiliencia digital en la protección de los activos digitales. Los atacantes utilizaron una vulnerabilidad en Apache Struts Apache Struts (CVE-2017-5638), un ambiente de código abierto (open source) que Equifax empleaba en su plataforma web de disputas, a través de solicitudes HTTP.

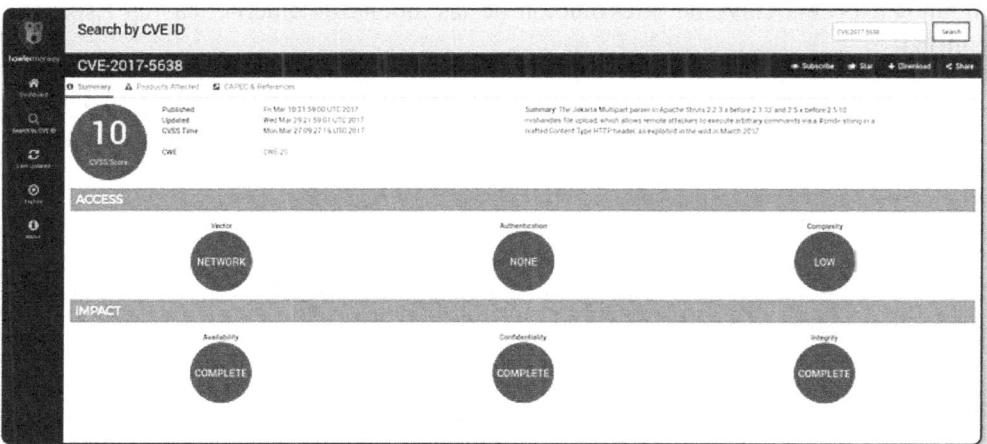

Figura 1.3. Vulnerabilidad en Apache Struts — CVE-2017–5638

Ambos casos también destacan la importancia de la formación y concienciación de los empleados sobre las buenas prácticas de seguridad cibernética, así como la necesidad de implementar pro medidas activas de seguridad cibernética y desarrollar planes de respuesta a incidentes efectivos.

> **ⓘ NOTA**
>
> Los ataques cibernéticos notorios en España y Europa, han puesto de manifiesto la capacidad destructiva de las amenazas digitales y han llevado a la adopción de medidas para fortalecer la seguridad en Internet. La ciberseguridad y la resiliencia digital son fundamentales para garantizar la protección de los activos digitales y la continuidad del negocio en un entorno digitalmente interconectado y en constante evolución.

1.1.4 Evolución de las amenazas cibernéticas

Para comprender la necesidad de resiliencia, es esencial rastrear la evolución de las amenazas cibernéticas a lo largo del tiempo. Desde los primeros virus informáticos hasta las complejas campañas de ciberespionaje, exploraremos cómo las amenazas digitales han cambiado y se han sofisticado, exigiendo respuestas adaptativas.

La evolución de las amenazas cibernéticas en España y Europa ha sido un tema de creciente preocupación en los últimos años. A continuación, se presentan algunos aspectos clave de la evolución de las amenazas cibernéticas en España y Europa:

▶ **Crecimiento de los ataques**: los ataques cibernéticos han aumentado en número y complejidad en los últimos años, lo que ha llevado a una mayor preocupación por la seguridad en Internet.

▶ **Evolución de las amenazas:** las amenazas cibernéticas han evolucionado desde los ataques simples y directos a la infraestructura informática a amenazas más complejas y sofisticadas, como el espionaje, la piratería y la manipulación de datos.

▶ **Impacto económico:** los ataques cibernéticos pueden tener un impacto significativo en el negocio y la economía, lo que ha llevado a una mayor atención a la ciberseguridad en España y Europa.

▶ **Creación de iniciativas y planes:** en respuesta a la evolución de las amenazas cibernéticas, se han creado iniciativas y planes de ciberseguridad en España y Europa, como el Plan Nacional de Ciberseguridad en España, y la Iniciativa In-CERT en la UE.

▶ **Mejora de la infraestructura:** la infraestructura de Internet en España y Europa ha mejorado en los últimos años, lo que ha permitido mejorar la capacidad de respuesta a los ataques cibernéticos.

▶ **Creación de indicadores de ciberseguridad:** se han creado indicadores de ciberseguridad en España, como el Indicador de Ciberinseguridad en España, para medir y evaluar la situación de la ciberseguridad en el país.

ⓘ NOTA

Al seguir estos pasos, los estudiantes pueden ayudar a garantizar que sus sistemas Windows o Linux estén seguros y protegidos contra posibles amenazas.

1.1.5 Amenazas actuales

En el campo dinámico de la ciberseguridad, es crucial para los estudiantes comprender las amenazas actuales que enfrenta Europa y el mundo. Este conocimiento les permitirá desarrollar habilidades y estrategias efectivas para proteger sistemas, redes y datos contra las crecientes amenazas cibernéticas. A continuación, se analizarán algunas de las amenazas más relevantes, incluyendo la situación económica, la seguridad en línea y el riesgo de terrorismo.

Es fundamental que los estudiantes de ciberseguridad comprendan estas amenazas para desarrollar estrategias efectivas de protección. A continuación, se analizarán las amenazas actuales, con un lenguaje claro y didáctico, para proporcionar una visión integral de los desafíos en evolución en el campo de la ciberseguridad.

El panorama actual de amenazas cibernéticas en el mundo en 2024 presenta desafíos significativos en términos de ciberseguridad y protección de la información. A través de diversas fuentes, se ha identificado una serie de amenazas que abarcan desde la inestabilidad económica hasta la ciberdelincuencia y el riesgo de terrorismo.

A continuación, se analizarán estas amenazas, con ejemplos y referencias para proporcionar una visión integral de los desafíos en evolución en el campo de la ciberseguridad.

- ▶ **Situación económica en Europa**: la economía de la eurozona enfrenta desafíos significativos, con la amenaza de una recesión en el horizonte. La debilidad económica, especialmente en la industria, plantea riesgos para la estabilidad financiera y la resiliencia cibernética en un entorno empresarial afectado por la atonía y la falta de motores de crecimiento.

  Ejemplo: durante la pandemia de COVID-19, la Unión Europea experimentó una desaceleración económica significativa, lo que llevó a un aumento de las amenazas cibernéticas, ya que los ciberdelincuentes aprovecharon la crisis para lanzar ataques de phishing y malware dirigidos a organizaciones y ciudadanos vulnerables.

- ▶ **Seguridad en línea y privacidad:** las amenazas a la seguridad en línea y la privacidad son una preocupación creciente. La desinformación, la violencia policial, las detenciones masivas y la vigilancia plantean desafíos para la protección de datos y la integridad de las plataformas en línea.

  Ejemplo: el aumento de las campañas de desinformación avanzada ha socavado la confianza en las plataformas en línea y ha llevado a una mayor preocupación por la privacidad y la seguridad de los datos de los usuarios.

- ▶ **Riesgo de terrorismo:** el riesgo de terrorismo ha aumentado en varios países europeos, lo que ha llevado a un refuerzo de la seguridad. Aunque no hay amenazas directas inmediatas, el aumento de la alerta terrorista subraya la importancia de la ciberseguridad en la prevención de ataques cibernéticos y la protección de infraestructuras críticas.

Ejemplo: los ataques cibernéticos coordinados con actividades terroristas han llevado a una mayor preocupación por la seguridad cibernética en Europa, lo que ha llevado a una mayor cooperación entre los países para abordar estas amenazas.

Estos ejemplos ilustran la complejidad y la gravedad de las amenazas de ciberseguridad actuales en Europa y el mundo, y subrayan la importancia de desarrollar estrategias efectivas para proteger la infraestructura digital y los activos de información.

Según el Barómetro de Riesgos de Allianz 2023, los ataques cibernéticos serán el principal riesgo empresarial global en 2024, con un 36% de las empresas encuestadas identificándolos como su principal preocupación.

Dentro de los ataques cibernéticos, los más detectados son los ataques de ransomware y extorsión, que han experimentado un preocupante aumento en los últimos años.

Figura 1.4. Los ataques de ransomware emplean un cifrado asimétrico, es decir, uno cifra los archivos y otro los descifra. (Fuente: *https://www.avast.com/*)

Los ataques de ransomware son una forma de ataque cibernético en la que los ciberdelincuentes cifran los datos de una organización y exigen un rescate para su liberación. Estos ataques pueden tener un impacto significativo en las empresas, ya que pueden resultar en la pérdida de datos críticos, la interrupción de los servicios y la pérdida de ingresos. Además, estos ataques también pueden tener un impacto en la reputación de la empresa, ya que pueden resultar en la pérdida de la confianza de los clientes y la publicidad negativa.

```
Dear Customer:

It is time to pay for your software lease from PC Cyborg Corporation.
Complete the INVOICE and attach payment for the lease option of your choice.
If you don't use the printed INVOICE, then be sure to refer to the important
reference numbers below in all correspondence. In return you will receive:

- a renewal software package with easy-to-follow, complete instructions
- an automatic, self-installing diskette that anyone can apply in minutes.

Important reference numbers: A5599796-2695577-

The price of 365 user applications is US$189. The price of a lease for the
lifetime of your hard disk is US$378.  You must enclose a bankers draft,
cashier's check or international money order payable to PC CYBORG CORPORATION
for the full amount of $189 or $378 with your order. Include your name,
company, address, city, state, country, zip or postal code. Mail your order
to PC Cyborg Corporation, P.O. Box 87-17-44, Panama 7, Panama.

                       Press ENTER to continue
```

Figura 1.5. La nota de rescate del troyano AIDS. (Fuente: Wikimedia Commons)

Los ataques de extorsión son otra forma de ataque cibernético en la que los ciberdelincuentes amenazan con publicar información confidencial de una organización a menos que se les pague un rescate. Estos ataques pueden tener un impacto significativo en la reputación de la empresa, ya que pueden resultar en la pérdida de la confianza de los clientes y la publicidad negativa. Además, los ataques de extorsión también pueden tener un impacto financiero en la empresa, ya que pueden resultar en la pérdida de ingresos y la interrupción de los servicios.

Figura 1.6. La sextorsión puede tener lugar de diferentes formas (Fuente: Wikimedia Commons)

Otro tipo de ataque cibernético que ha experimentado un aumento en los últimos años es el phishing. El phishing es una forma de ataque en la que los ciberdelincuentes intentan engañar a los usuarios para que revelen información confidencial, como contraseñas o información de tarjetas de crédito. Estos ataques pueden tener un impacto significativo en la seguridad de la información de una organización, ya que pueden resultar en la pérdida de datos críticos y la exposición de información confidencial.

Los ataques de phishing continúan siendo una amenaza importante para la seguridad en línea en 2024. Un ejemplo común de suplantación de identidad puede ser, recibir un correo electrónico que parece ser de una empresa legítima, como un banco o una plataforma de redes sociales, solicitando información personal o de inicio de sesión.

En 2022, el IC3 recibió más de 300.000 informes de víctimas de phishing en los Estados Unidos solamente. Los ataques de compromiso de correo electrónico empresarial pueden costar a las víctimas estadounidenses más de $2.7 mil millones en 2022.

Figura 1.7. Diagrama de un ataque de phishing

Los ataques de *Spear Phishing* son una forma más sofisticada de phishing que se dirige a individuos específicos con información personalizada. Es importante tener en cuenta que los ataques de phishing pueden provenir de cualquier parte del mundo y pueden resultar en pérdidas financieras y violaciones de datos.

> **ⓘ NOTA**
>
> Es esencial tomar las medidas de seguridad adecuadas para prevenir amenazas como los ataques de phishing, que pueden provocar pérdidas financieras y filtraciones de datos.

1.1.6 Amenazas a la seguridad de los equipos informáticos.

La seguridad informática es un tema crítico en la era digital. Cada día, millones de personas utilizan ordenadores, smartphones y otros dispositivos electrónicos para realizar diversas tareas, desde compras en línea hasta el almacenamiento de datos críticos. Sin embargo, el uso de la tecnología también conlleva riesgos de seguridad, y los usuarios deben estar siempre alerta para evitar las amenazas que pueden comprometer la integridad de sus equipos y la privacidad de sus datos. En este artículo, describiremos algunas de las amenazas más comunes a la seguridad de los equipos informáticos y cómo prevenirlas.

▶ **Virus y malware**

Los virus y el malware son programas maliciosos que se introducen en el sistema de un ordenador o dispositivo para causar daños o robar información. Pueden ser descargados junto con software gratuito, adjuntos en correos electrónicos o enlaces maliciosos. Una vez que se instalan, pueden causar daños irreparables al sistema, como la eliminación de archivos importantes o el robo de información personal. Para prevenir esto, es importante instalar software antivirus actualizado y mantenerlo actualizado. Además, es importante evitar descargar software de sitios desconocidos o hacer clic en enlaces sospechosos.

Algunos ejemplos de virus informáticos incluyen el virus del sector de arranque, el virus de secuencias de comandos web, el secuestrador de navegador, el virus residente, el virus de acción directa, el virus polimórfico y el virus de infección de archivos. Tales como:

- ILOVEYOU
- SQL Slammer
- Stuxnet
- CryptoLocker
- inba
- Welchia y Shlayer

Uno de los virus informáticos más dañinos es CryptoLocker, un ransomware que ganó más de $30 millones en 100 días cifrando los archivos de los usuarios y exigiendo un rescate por la clave de descifrado. Otros virus dañinos incluyen ILOVEYOU, MyDoom y el virus Storm Worm.

Es importante tomar las medidas de seguridad adecuadas, como software antivirus actualizado, contraseñas seguras y redes seguras, para protegerse contra virus y malware.

▛ **Ataques de phishing**

Los ataques de phishing se producen cuando los delincuentes intentan engañar a los usuarios para que revelen información personal o financiera, como contraseñas, números de tarjetas de crédito o información de inicio de sesión. Esto se logra mediante correos electrónicos fraudulentos que parecen legítimos, sitios web falsificados o llamadas telefónicas. Para evitar ser víctima de un ataque de phishing, es importante desconfiar de correos electrónicos sospechosos y siempre verificar la autenticidad de los sitios web antes de ingresar información personal.

▛ **Acceso no autorizado**

El acceso no autorizado se produce cuando los delincuentes obtienen acceso a sistemas o dispositivos sin permiso. Esto puede ocurrir debido a contraseñas débiles, vulnerabilidades de software o falta de medidas de seguridad adecuadas. Para prevenir esto, es importante utilizar contraseñas fuertes y cambiarlas regularmente. Además, se deben implementar medidas de seguridad, como firewalls y encriptación, para proteger los sistemas y dispositivos.

El acceso no autorizado es una forma frecuente de delito cibernético que puede causar un daño significativo a los sistemas informáticos y la información que contienen. Por ejemplo, cuando un usuario ingresa a un sistema, debe proporcionar credenciales de inicio de sesión que se verifican con un archivo de contraseña.

El mal uso de los dispositivos móviles es otro riesgo importante que puede comprometer la seguridad de los datos. Por ejemplo, los empleados pueden usar sus propias soluciones de uso compartido de datos de nivel de consumidor que no están diseñadas para uso empresarial, lo que expone a la empresa a graves violaciones de seguridad y pérdida de datos.

Spear phishing es un ejemplo actual y práctico de un ataque de phishing que se dirige a individuos u organizaciones con correos electrónicos plausibles y personalizados. Contraseñas seguras, software actualizado y precaución al hacer clic en enlaces y archivos adjuntos sospechosos son algunas de las formas de prevenir este tipo de ataques.

1.1.7 Estrategias de protección

En el vasto mundo digital contemporáneo, donde la conectividad es la norma y la información fluye sin restricciones, la seguridad en Internet se erige como un pilar fundamental para salvaguardar la integridad de datos y sistemas. Esta sección explorará a fondo diversas Estrategias de Protección que se pueden implementar para fortalecer la ciberseguridad de una organización. La comprensión y aplicación de estas estrategias no solo son esenciales para la protección de activos digitales, sino que también son cruciales para el mantenimiento de la confianza del cliente y la integridad institucional.

▼ **Evaluación de amenazas y vulnerabilidades**

Antes de diseñar e implementar estrategias de protección, es imperativo realizar una evaluación exhaustiva de las amenazas y vulnerabilidades específicas que enfrenta la organización. Esta evaluación debe abordar no solo las amenazas actuales, sino también las potenciales, teniendo en cuenta la evolución constante del panorama de la ciberseguridad. Al comprender los puntos débiles y las áreas de riesgo, la organización estará mejor equipada para desarrollar respuestas efectivas y estrategias de protección adaptativas.

Existen varios métodos para medir y garantizar la calidad de los datos, algunos de los cuales se mencionan a continuación:

- **Identificación de los factores clave de calidad de los datos:** la calidad de los datos está determinada por factores como la exactitud, la integridad, la fiabilidad, la pertinencia y la actualidad de los mismos. Los aspectos para la calidad de datos incluyen: exactitud; integridad, que determina si faltan datos o no son utilizables; consistencia o falta de conflicto con otros datos; y datos duplicados o registros repetidos.

- **Establecimiento de pautas claras para la gobernanza de datos**: es importante establecer reglas y objetivos de rendimiento para garantizar la calidad de los datos. Además, se deben definir los métodos de mejora de la calidad, así como la limpieza o depuración de datos específicos, y se deben poner en marcha los procesos de mejora.

- **Establecimiento de un proceso para investigar los problemas de calidad de los datos:** es importante establecer un proceso para investigar los problemas de calidad de los datos y solucionarlos de manera oportuna.

- **Implementación de herramientas especializadas:** existen diversas técnicas y herramientas especializadas para evaluar la calidad de los datos, como el uso de métricas, que permiten identificar la ocurrencia de los problemas de calidad de datos en cada uno de los contextos estudiados.

- **Definición estandarizada de la calidad de los datos:** una definición estandarizada de la calidad de los datos ayuda a que todas las personas se pongan de acuerdo, de modo que puedan entender qué significa la calidad de los datos, qué aspecto tiene y cómo puede medirse. Esto permite que cada persona entienda y cumpla los requisitos de calidad de los datos.

- **Establecimiento de las funciones y responsabilidades de los datos en toda la organización:** es importante establecer las funciones y responsabilidades de los datos en toda la organización para garantizar que los datos se utilicen de la misma manera en todos los niveles de la organización.

- **Adopción de un sistema tecnológico que cuente con todas las funcionalidades que necesita para garantizar la calidad de los datos:** invertir en la adopción de un sistema tecnológico que cuente con todas las funcionalidades que necesita para garantizar la calidad de los datos puede ayudar a mejorar la calidad de los datos.

¿Qué es la gobernanza de datos y cómo se relaciona con la calidad de los datos?

La gobernanza de datos se refiere a las políticas y actividades que sustentan la infraestructura para garantizar la calidad y confiabilidad de los datos. La gobernanza de datos es un concepto de gestión de datos relacionados con la capacidad que permite a una organización garantizar que existe una alta calidad de datos durante todo el ciclo de vida de los datos y que se implementen controles de datos que respalden los objetivos comerciales.

La gobernanza de datos y la calidad de los datos están relacionados, ya que la gestión de la calidad es uno de los pilares del proceso más amplio de gestión de datos y los esfuerzos en este ámbito suelen estar vinculados a los programas de gobernanza de datos para garantizar que los datos se formen y utilicen de la misma manera en todos los niveles de la organización.

Para garantizar la calidad de los datos, es importante establecer pautas claras para la gobernanza de datos, de la forma siguiente:

- Definir los métodos de mejora de la calidad.

- Establecer un proceso para investigar los problemas de calidad de los datos.

- Implementar herramientas especializadas.

- Definir una definición estandarizada de la calidad de los datos.

    ▶ Establecer las funciones y responsabilidades de los datos en toda la organización.

    ▶ Adoptar un sistema tecnológico que cuente con todas las funcionalidades que necesita para garantizar la calidad de los datos.

¿Cómo analizar las amenazas informáticas?

Análisis de amenazas y vulnerabilidades es un proceso importante para identificar y reducir riesgos en una organización. Algunos de los aspectos relevantes del análisis de amenazas y vulnerabilidades son:

    ▶ **Identificación de amenazas:** es importante identificar las amenazas que pueden afectar a la organización, tanto interna como externa. Las amenazas pueden ser físicas o cibernéticas, y pueden incluir ataques de hackers, desastres naturales, fallos de equipos, entre otros.

    ▶ **Evaluación de vulnerabilidades:** la evaluación de vulnerabilidades es un proceso que permite identificar las debilidades de las aplicaciones y sistemas de la organización. Este proceso se enfoca en definir, identificar, clasificar y priorizar las debilidades de las aplicaciones para proporcionar una evaluación de las amenazas previsibles y reaccionar de manera apropiada.

    ▶ **Establecimiento de medidas de seguridad:** una vez que se han identificado las amenazas y evaluado las vulnerabilidades, es importante establecer medidas de seguridad para mitigar los riesgos. Estas medidas pueden incluir la implementación de sistemas de seguridad físicos y cibernéticos, la capacitación del personal, la implementación de políticas de seguridad, entre otros.

    ▶ **Actualización continua del modelo de amenazas:** en el mundo actual de las ciberamenazas, es importante actualizar continuamente el modelo de amenazas para anticiparse a las entidades maliciosas. Esto implica estar al tanto de las últimas tendencias y técnicas de ataque, y actualizar los sistemas de seguridad en consecuencia.

Existen varios ejercicios y herramientas que se pueden utilizar para la identificación de amenazas, algunos de los cuales se mencionan a continuación:

    ▶ Métodos:

        • Identificar situaciones inusuales en un caso de estudio y explicar cada situación identificada.

        • Realizar un análisis de riesgos para identificar las amenazas y vulnerabilidades de una organización.

▶ Técnicas:

- **Matriz de análisis de vulnerabilidad:** esta herramienta permite identificar las amenazas, el tipo de amenaza (interna o externa), las causas o fuentes de riesgo, y el impacto de la amenaza. A continuación, se describe cómo se utiliza esta herramienta:

  - **Identificación de las amenazas:** se deben identificar todas las amenazas que pueden afectar a la organización, tanto interna como externa.

  - **Clasificación de las amenazas:** se deben clasificar las amenazas identificadas en función de su tipo (interna o externa).

  - **Identificación de las causas o fuentes de riesgo:** se deben identificar las causas o fuentes de riesgo de cada amenaza identificada.

  - **Evaluación del impacto de la amenaza:** se debe evaluar el impacto de cada amenaza identificada en la organización.

  - **Asignación de un nivel de riesgo:** se debe asignar un nivel de riesgo a cada amenaza identificada en función de su impacto y probabilidad de ocurrencias.

  - **Desarrollo de medidas de seguridad:** se deben desarrollar medidas de seguridad para minimizar los riesgos identificados.

- **Propuesta metodológica SOCIA:** esta herramienta permite modelar al adversario y sus posibles acciones para identificar las amenazas, con el objetivo de identificar las amenazas y vulnerabilidades en un sistema. SOCIA es un acrónimo que significa "Situación, Objetivos, Capacidades, Incentivos y Acciones".

  Esta metodología se utiliza para analizar las amenazas y vulnerabilidades en sistemas de seguridad, como sistemas de información y redes de computadoras. SOCIA permite identificar las amenazas y vulnerabilidades en un sistema, así como las posibles acciones que un adversario podría tomar para explotar estas vulnerabilidades. SOCIA también ayuda a identificar las debilidades en la seguridad de un sistema y a desarrollar medidas de seguridad para reducir los riesgos.

- **Buenas prácticas de seguridad:** la implementación de buenas prácticas de seguridad, como la buena configuración de los sistemas y el uso de herramientas para prevenir amenazas, puede ayudar a identificar y mitigar las amenazas.

☞ Implementación de Firewalls y antivirus avanzados

La primera línea de defensa en la protección de la infraestructura digital es la implementación de firewalls y antivirus avanzados. Estas herramientas actúan como guardianes virtuales, monitoreando el tráfico de red y detectando posibles amenazas antes de que puedan comprometer la seguridad. Se abordarán las mejores prácticas para la configuración de firewalls y la selección de soluciones antivirus que se adapten a las necesidades específicas de la organización.

¿Qué es un cortafuegos?

Un cortafuegos es un dispositivo o software que se utiliza para proteger una red o sistema informático de posibles amenazas externas. El cortafuegos actúa como una barrera entre la red o el sistema y el mundo exterior, y se encarga de filtrar el tráfico de red para permitir solo el tráfico legítimo y bloquear el tráfico malicioso.

¿Cómo funciona un cortafuegos?

Un cortafuegos funciona mediante la creación de reglas que especifican qué tráfico de red se permite y qué tráfico se bloquea. Estas reglas se basan en diferentes criterios, como la dirección IP, el puerto, el protocolo, etc. El cortafuegos también puede utilizar técnicas de inspección de paquetes para analizar el tráfico de red y detectar posibles amenazas.

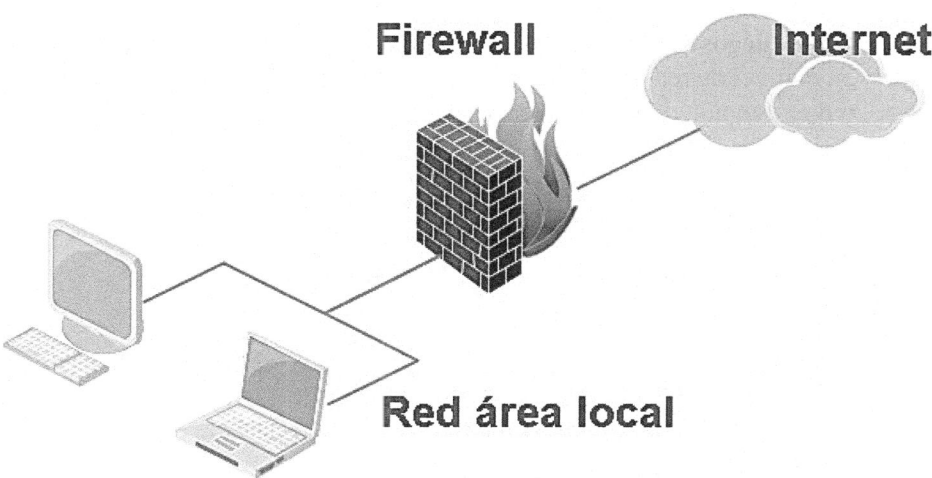

Figura 1.8. Topología básica de un firewall. Fuente: *https://espaciotecnologico.co/*

¿Por qué es importante un cortafuegos?

Un cortafuegos es importante porque protege una red o sistema informático de posibles amenazas externas. Un cortafuegos ayuda a reducir el riesgo de un ataque cibernético y protege los datos críticos de la organización.

Sin un cortafuegos, los sistemas informáticos estarían expuestos a los siguientes ataques cibernéticos:

▶ **Ataques de fuerza bruta:** los atacantes pueden intentar adivinar las contraseñas de los usuarios utilizando un programa automatizado. Los cortafuegos pueden ayudar a bloquear estos ataques al limitar el número de intentos de inicio de sesión fallidos.

▶ **Inyecciones SQL:** los atacantes pueden utilizar las inyecciones SQL para ejecutar código arbitrario en un sistema informático. Los cortafuegos pueden ayudar a proteger contra las inyecciones SQL al filtrar el tráfico de red entrante.

▶ **Malware:** el malware es software malicioso que puede dañar un sistema informático o robar datos. Los cortafuegos pueden ayudar a proteger contra el malware al bloquear el tráfico de red de fuentes no autorizadas.

Tipos de cortafuegos

Hay dos tipos principales de cortafuegos: cortafuegos de capa de red (firewalls de red) y cortafuegos de capa de aplicación (firewalls de aplicaciones).

▶ **Cortafuegos de capa de red:** los cortafuegos de capa de red se encuentran en el nivel de red de la pila de protocolos TCP/IP. Controlan el tráfico de red en función de la dirección IP, el puerto y otros parámetros.

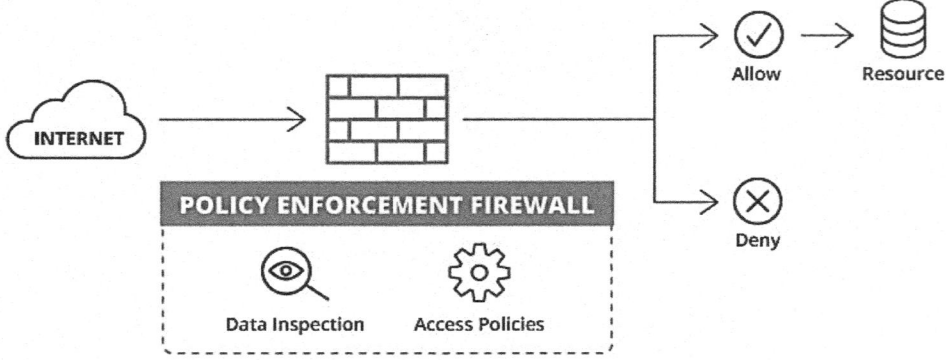

Figura 1.9. Topología básica de un firewall de capa de red. Fuente: *https://espaciotecnologico.co/*

Los cortafuegos de red aplican políticas basadas en mecanismos de control de acceso. Estos mecanismos pueden ser políticas definidas, conjuntos de reglas de permiso o denegación y otras directrices que especifican cómo se debe tratar el tráfico en función de sus características.

- **Marcas comerciales:**
  - Cisco ASA
  - Palo Alto Networks PAN-OS
  - Fortinet FortiGate
  - Check Point Infinity Firewall
  - Juniper SRX

- **Código abierto:**
  - PFSense
  - OpenBSD IPfw
  - Untangle NG Firewall
  - OPNsense
  - ClearOS
  - UFW

▶ **Cortafuegos de capa de aplicación (WAF):** los cortafuegos de capa de aplicación se encuentran en el nivel de aplicación de la pila de protocolos TCP/IP. Controlan el tráfico de red en función del contenido de los paquetes de datos.

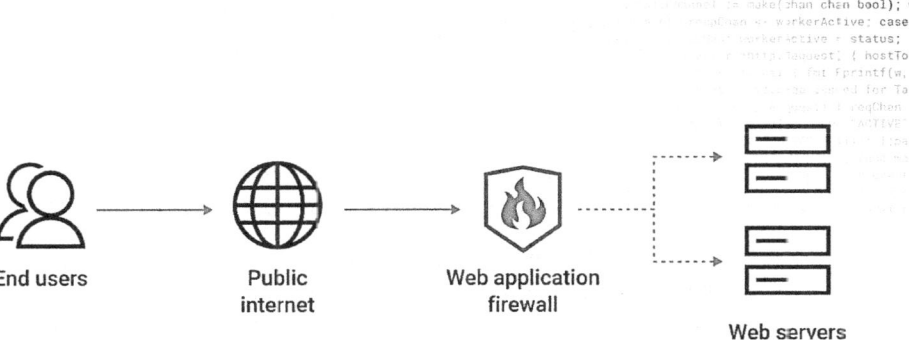

What is a WAF?

Figura 1.10. Topología básica de un WAF Fuente: *https://www.akamai.com/*

- **Marcas comerciales:**
  - F5 BIG-IP
  - Citrix NetScaler
  - Kemp LoadMaster
  - Barracuda Web Application Firewall
  - Sophos Web Application Firewall

- **Código abierto:**
  - ModSecurity
  - NGINX WAF
  - Apache Traffic Server
  - HAProxy
  - SquidGuard

Uso de encriptación para proteger la confidencialidad

La encriptación es una herramienta esencial para proteger la confidencialidad de la información transmitida a través de Internet. Este subcapítulo analizará protocolos de encriptación robustos y proporcionará directrices sobre su implementación adecuada. La encriptación no solo se limita a la transmisión de datos, sino que también se extiende al almacenamiento seguro, garantizando que incluso en caso de acceso no autorizado, la información permanezca ininteligible.

Existen varios elementos básicos de la encriptación y el cifrado, que incluyen:

▶ **Clave:** una clave es un valor secreto que se usa para encriptar y desencriptar los datos. La clave es única para el cifrado o la encriptación en cuestión, y solo alguien con acceso a la misma podrá leer los datos encriptados.

Existen varios tipos de claves y métodos de encriptado utilizados en la protección de datos y la seguridad en línea. Algunos de ellos incluyen:

- **Claves simétricas:** En este método de cifrado, la misma clave se utiliza tanto para cifrar como para desencriptar los datos. Es uno de los métodos más rápidos y simples, pero el mayor desafío es cómo compartir la clave de forma segura entre los usuarios autorizados.

- **Claves asimétricas:** Este método de cifrado utiliza claves distintas para cifrar y desencriptar los datos. Una clave es pública y se puede compartir libremente, mientras que la otra clave es privada y solo el propietario de la clave puede acceder a ella.

- **Criptografía híbrida:** Este método utiliza tanto claves simétricas como asimétricas para encriptar los datos. Primero, se utiliza un algoritmo de cifrado simétrico para encriptar los datos, y luego se utiliza un algoritmo de cifrado asimétrico para encriptar la clave simétrica utilizada.

- **Criptografía homomórfica:** Esta es una técnica avanzada en la que los datos se cifran de tal manera que los datos encriptados se pueden procesar y realizar cálculos sin necesidad de desencriptar los datos primero.

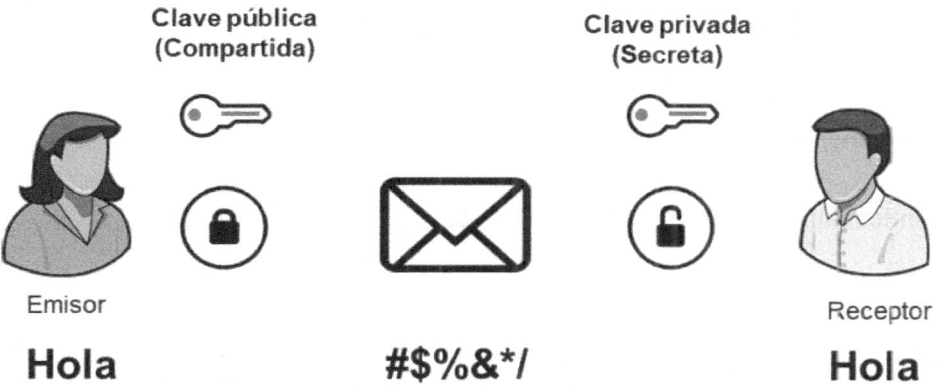

Figura 1.11. Representación de criptografía asimétrica

⯈ **Algoritmo:** un algoritmo es un proceso matemático utilizado para cifrar o encriptar los datos. El mismo algoritmo se utiliza tanto para cifrar como para desencriptar los datos.

Existen muchos tipos de algoritmos. Aquí hay algunos ejemplos más comunes.

1.1.8 Gestión de identidad y acceso: garantizando la seguridad digital

La Gestión de Identidad y Acceso (IAM, por sus siglas en inglés) se ha convertido en un componente esencial en la estrategia global de ciberseguridad de cualquier organización. Su objetivo principal es garantizar que solo individuos autorizados tengan acceso a recursos y datos sensibles, mientras se previene eficazmente la intrusión de actores no autorizados. Este apartado explorará a fondo métodos y mejores prácticas en la implementación de una IAM robusta.

Políticas de autenticación sólidas: un primer escudo de defensa

Establecer políticas de autenticación sólidas es el primer paso crucial en la gestión de identidad y acceso. Esto implica el uso de credenciales únicas y complejas que dificulten la suplantación de identidad. Por ejemplo, se pueden implementar políticas que requieran contraseñas que contengan combinaciones de letras, números y caracteres especiales, asegurando así la resistencia frente a ataques de fuerza bruta.

Adicionalmente, la implementación de límites de intentos de inicio de sesión y la exigencia de cambios de contraseña periódicos son medidas que refuerzan la seguridad de las cuentas. Un ejemplo práctico sería la implementación de una política que requiera cambios de contraseña cada 90 días, con la opción de bloquear temporalmente una cuenta después de varios intentos fallidos de inicio de sesión.

Autenticación de dos factores (2FA): elevando el nivel de seguridad

La autenticación de dos factores (2FA) es una herramienta poderosa para agregar una capa adicional de seguridad. Además de la contraseña, se solicita un segundo factor de autenticación, que puede ser un código enviado al dispositivo móvil del usuario o una huella digital. Este método reduce significativamente el riesgo de acceso no autorizado, incluso si las credenciales de contraseña se ven comprometidas.

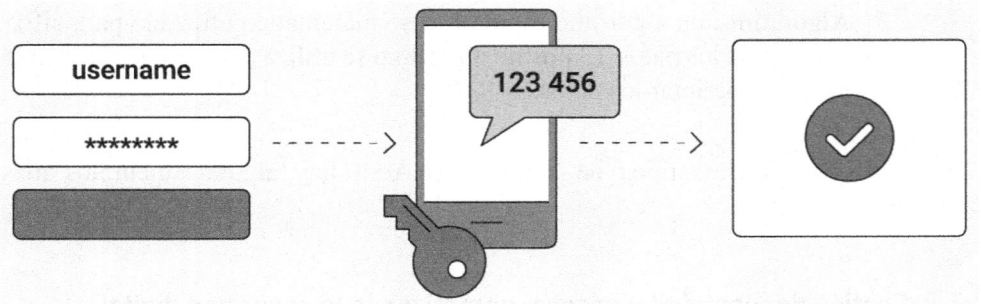

Figura 1.12. Representación de autenticación en dos pasos (2FA) Fuente: *https://signal.avg.com*

Por ejemplo, un empleado que intenta acceder al sistema desde una ubicación nueva recibiría un código de verificación en su teléfono móvil. Sin este segundo factor, incluso si un atacante tiene la contraseña, no podrá completar el proceso de inicio de sesión sin el código adicional, proporcionando una capa adicional de seguridad robusta.

Gestión centralizada de accesos: control y eficiencia

La gestión centralizada de accesos implica tener un control consolidado sobre las cuentas y permisos en toda la organización. Implementar una única plataforma para gestionar y monitorear los accesos facilita la aplicación coherente de políticas de seguridad. Un ejemplo sería la utilización de soluciones de IAM que permitan la asignación de roles y privilegios de manera centralizada, simplificando la administración y reduciendo los riesgos asociados con la asignación manual de permisos.

Además, esta centralización permite una revisión y auditoría eficientes de los accesos, identificando rápidamente cualquier actividad sospechosa o inconsistencia en los privilegios asignados. Esto es esencial para garantizar la conformidad con regulaciones y normativas de seguridad.

Gestión de contraseñas: más allá de la complejidad

La gestión efectiva de contraseñas va más allá de simplemente establecer políticas de complejidad. Implica educar a los usuarios sobre la importancia de mantener sus contraseñas seguras y practicar hábitos seguros. Un ejemplo práctico sería la implementación de programas de concienciación que incluyan capacitaciones regulares sobre la creación de contraseñas robustas, la detección de correos de phishing y el uso adecuado de las credenciales.

Además, la implementación de herramientas de gestión de contraseñas que almacenen y generen contraseñas seguras puede reducir la carga de recordar múltiples contraseñas y garantizar que se cumplan las políticas de seguridad establecidas.

Actualización y educación continua

La ciberseguridad es un campo en constante evolución, por lo que la actualización y educación continua son esenciales. Se discutirán estrategias para mantenerse al día con las últimas amenazas y tecnologías, así como la importancia de la concienciación del personal. Una fuerza laboral informada y alerta es un componente clave en la defensa contra las amenazas cibernéticas.

Importancia de la educación continua del personal

La educación continua del personal es un pilar fundamental en la gestión de identidad y acceso. Los empleados deben comprender la importancia de las medidas de seguridad y ser conscientes de las amenazas cibernéticas en constante evolución. Simulacros regulares de phishing, sesiones de formación interactivas y actualizaciones periódicas sobre las últimas amenazas son ejemplos efectivos para mantener al personal alerta y preparado.

Actualización y educación: defensa activa contra amenazas emergentes

La ciberseguridad, como campo en constante evolución, demanda una estrategia continua de actualización y educación para garantizar la eficacia de las defensas digitales. Este apartado se adentrará en la importancia de la educación continua del personal y presentará estrategias prácticas para mantener a la fuerza laboral al tanto de las últimas amenazas y tecnologías.

Importancia estratégica de la educación continua

La ciberseguridad no es simplemente una tarea técnica; es un compromiso organizacional que abarca a todos los miembros de la empresa. La educación contínua del personal no solo fomenta una cultura de seguridad, sino que también capacita a los empleados para reconocer y enfrentar las amenazas en constante cambio. Mantenerse al tanto de las últimas tendencias y tácticas empleadas por los ciberdelincuentes es esencial para una defensa eficaz.

La concienciación constante del personal no solo beneficia a la organización en términos de seguridad, sino que también promueve una mayor responsabilidad individual entre los empleados. Comprender el papel crucial que cada persona juega en la seguridad de la organización contribuye a la construcción de una línea de defensa más sólida y resistente.

1.1.9 Estrategias prácticas para la educación continua

Simulacros regulares de phishing

Desarrollar simulacros regulares de phishing que imiten situaciones de ataques reales. Esto permite a los empleados experimentar y reconocer intentos de suplantación de identidad, fortaleciendo su capacidad para identificar correos electrónicos maliciosos.

Ejemplo: un empleado recibe un correo electrónico que aparenta ser de recursos humanos solicitando información confidencial. Al participar en el simulacro, el empleado aprende a identificar señales de phishing, como direcciones de correo electrónico sospechosas o solicitudes inusuales.

Sesiones de formación interactivas

Organizar sesiones de formación interactivas que aborden temas específicos de seguridad cibernética, como el uso seguro de dispositivos personales en la red corporativa o la identificación de comportamientos sospechosos.

Ejemplo: una sesión interactiva sobre el uso seguro de contraseñas donde los empleados practican la creación de contraseñas sólidas y aprenden a gestionarlas de manera segura.

Actualizaciones periódicas sobre amenazas emergentes

Proporcionar actualizaciones periódicas sobre las últimas amenazas y tácticas empleadas por ciberdelincuentes. Esto puede incluir la distribución de boletines informativos internos o la realización de presentaciones sobre incidentes de seguridad recientes.

Ejemplo: una actualización periódica que destaca un aumento en los ataques de ransomware y proporciona pautas sobre cómo evitar caer en estas trampas, junto con ejemplos de incidentes recientes en la industria.

Colaboración en ejercicios de simulación de incidentes

Involucrar al personal en ejercicios prácticos de simulación de incidentes, donde puedan aplicar sus conocimientos en un entorno controlado. Esto fortalece las habilidades de respuesta y mejora la capacidad de recuperación de la organización.

Ejemplo: un simulacro donde se simula un ataque de malware y los empleados practican la identificación, contención y notificación adecuada de la amenaza.

Programas de recompensas por reportar incidentes (BugBounty)

Implementar programas de recompensas que incentiven a los empleados a reportar posibles incidentes de seguridad. Esto fomenta una cultura de responsabilidad y colaboración en la detección temprana de amenazas.

Ejemplo: un programa donde los empleados que informan sobre posibles intentos de phishing exitosos son reconocidos y recompensados, alentando a otros a hacer lo mismo.

> **ⓘ NOTA**
>
> La implementación de estas estrategias no solo fortalece la postura de seguridad de la organización, sino que también involucra activamente a los empleados en la protección de los activos digitales. La educación continua no solo es un componente clave en la gestión de identidad y acceso, sino que también es una inversión estratégica en la construcción de una cultura de seguridad resistente y proactiva.

1.1.10 Respuesta y recuperación ante incidentes

Incluso con las medidas de protección más sólidas, la posibilidad de enfrentar un incidente de seguridad siempre existe. Este subcapítulo proporcionará un marco detallado para la preparación, respuesta y recuperación ante incidentes. Se destacarán los protocolos de notificación, la preservación de evidencia digital y la importancia de realizar análisis post-incidente para fortalecer las defensas futuras.

¿En qué consisten los términos respuesta y recuperación?

La planificación de contingencia y recuperación se refiere a la preparación y respuesta ante posibles incidentes de seguridad informática. Estos incidentes pueden incluir ciberataques, brechas de seguridad, pérdida de datos, desastres naturales u otros eventos que puedan afectar la integridad y disponibilidad de los sistemas informáticos.

¿Cuál es su objetivo?

El objetivo principal de la planificación de contingencia y recuperación es minimizar el impacto de los incidentes y garantizar la continuidad del negocio. Esto implica identificar los posibles riesgos, desarrollar estrategias de respuesta, establecer procedimientos de recuperación y realizar pruebas periódicas para evaluar la efectividad de los planes.

Componentes de un plan de contingencia y recuperación

Un plan de contingencia y recuperación efectivo debe incluir los siguientes componentes:

▶ **Evaluación de riesgos:** antes de desarrollar un plan de contingencia y recuperación, es necesario realizar una evaluación exhaustiva de los riesgos. Esto implica identificar las posibles amenazas y vulnerabilidades que podrían afectar los sistemas informáticos. Algunos ejemplos de riesgos comunes incluyen ciberataques, malware, fallas de hardware, desastres naturales y errores humanos.

▶ **Estrategias de respuesta:** una vez identificados los riesgos, es importante desarrollar estrategias de respuesta adecuadas. Estas estrategias deben definir las acciones específicas que se tomarán en caso de un incidente. Por ejemplo, en caso de un ciberataque, las estrategias de respuesta podrían incluir el aislamiento de los sistemas afectados, la notificación a las autoridades competentes y la implementación de medidas de mitigación.

▶ **Procedimientos de recuperación:** los procedimientos de recuperación son pasos detallados que se deben seguir para restaurar los sistemas informáticos después de un incidente. Estos procedimientos deben incluir la restauración de datos, la reconstrucción de sistemas y la verificación de la integridad de los sistemas restaurados. Es importante documentar estos procedimientos de manera clara y concisa para facilitar su implementación en situaciones de crisis.

▶ **Pruebas y actualizaciones periódicas:** un plan de contingencia y recuperación no es efectivo si no se prueba y actualiza regularmente. Es importante realizar pruebas periódicas para evaluar la efectividad del plan y realizar las modificaciones necesarias. Además, es fundamental mantener el plan actualizado para reflejar los cambios en la infraestructura tecnológica y las nuevas amenazas de seguridad.

Métodos para diseñar un plan de contingencia y recuperación

Existen diferentes metodologías que pueden ser utilizados para diseñar un plan de contingencia y recuperación de activos de información. A continuación, se presentan algunos de ellos:

▶ **MAGERIT:** es una metodología de análisis y gestión de riesgos de los sistemas de información desarrollada por el Centro Criptológico Nacional de España, que se utiliza para minimizar los riesgos de la implantación y uso de las Tecnologías de la Información. Para utilizar este método en el diseño de un plan de contingencia y recuperación, es necesario identificar los activos de información críticos, evaluar los riesgos asociados a cada uno de ellos, definir políticas y procedimientos para mitigar los riesgos, implementar controles de seguridad y realizar pruebas y revisiones periódicas del plan.

▶ **Gestión de seguridad de la información (SGSI):** esta metodología describe el contenido de las etapas en que se estructura el proceso de diseño, implementación y operación, basada en la norma **ISO/IEC 27000**. La metodología se enfoca en la identificación de los activos de información, la evaluación de riesgos, la definición de políticas y procedimientos, la implementación de controles de seguridad y la realización de auditorías y revisiones periódicas.

▶ **Diseño de un plan de recuperación de desastres de TI (DRP TI):** este plan se basa en la norma internacional **NIST SP 800-34** Guía de Planificación de Contingencia para Los Sistemas de Información. Y se enfoca en la identificación de los activos de información, la evaluación de riesgos, la definición de políticas y procedimientos, la implementación de controles de seguridad y la realización de pruebas y revisiones periódicas.

▶ **Plan de recuperación ante desastres (DR):** se enfoca en la norma **ISO 22301** es una norma internacional de gestión de continuidad de negocio que establece los requisitos para planificar, establecer, implantar, operar, monitorizar, revisar, mantener y mejorar continuamente un sistema de gestión documentado para prepararse, responder y recuperarse de eventos que generan interrupciones, cuando estos ocurren.

La preparación para abordar los entornos de TI híbridos actuales y las complejas operaciones de negocio. Debe organizarse por tipo de desastre y ubicación, y debe contener scripts (instrucciones) que pueda implementar cualquier persona. Además, es importante probar y evaluar el plan de recuperación ante desastres con regularidad.

Técnica de modelado de un plan de contingencia y recuperación

Recuerde siempre que cada organización es única y puede requerir enfoques específicos en su plan de contingencia y recuperación. Es importante adaptar las técnicas y los pasos mencionados a las necesidades y características de tu organización.

Por lo tanto, se requiere una investigación, una evaluación de riesgos y una planificación adecuadas para crear un plan de contingencia eficaz. Puedes seguir los siguientes pasos:

- ▶ **Identificación de recursos y priorización:** se examina la organización para identificar los recursos críticos y se priorizan según su importancia. Esto ayuda a determinar qué recursos deben ser protegidos en caso de un incidente.

- ▶ **Identificación de riesgos clave:** se identifican los riesgos clave que podrían afectar los recursos críticos de la organización. Esto puede incluir riesgos como ciberataques, desastres naturales, fallas de hardware, entre otros.

- ▶ **Definición de procesos y procedimientos:** son definidos los procesos y procedimientos necesarios para estar siempre preparados ante cualquier circunstancia. Esto puede incluir la definición de políticas de seguridad, la implementación de controles de seguridad, la realización de pruebas y revisiones periódicas, entre otros.

- ▶ **Revisión periódica del plan:** es importante que el plan de contingencia sea revisado periódicamente para garantizar que esté actualizado y sea efectivo. Esto implica la revisión de los riesgos identificados, la actualización de los procesos y procedimientos, y la realización de pruebas y simulaciones para evaluar la efectividad del plan.

- ▶ **Comunicación del plan a los empleados:** es importante que los empleados estén informados sobre el plan de contingencia y recuperación para que puedan actuar de manera efectiva en caso de un incidente. Esto implica la comunicación del plan a los empleados y la capacitación en los procesos y procedimientos definidos en el plan.

A continuación, se presentarán algunos ejemplos prácticos y casos de uso relacionados con la planificación de contingencia y recuperación en la ciberseguridad:

Ejemplos prácticos y casos de uso

A continuación, se presentarán algunos ejemplos prácticos y casos de uso relacionados con la planificación de contingencia y recuperación en la ciberseguridad:

▼ **Ciberataque a una empresa**

Imaginemos que una empresa sufre un ciberataque que compromete la seguridad de sus sistemas informáticos. En este caso, un plan de contingencia y recuperación efectivo podría incluir las siguientes acciones:

- **Aislamiento de los sistemas afectados para evitar la propagación del ataque:** una vez detectado el ciberataque, es crucial aislar los sistemas afectados para evitar que el ataque se propague a otros sistemas. Esto implica desconectar los sistemas comprometidos de la red y bloquear cualquier comunicación externa. El aislamiento ayuda a contener el ataque y limitar su impacto en el resto de la infraestructura.

- **Notificación a las autoridades competentes y colaboración en la investigación:** es importante informar a las autoridades competentes sobre el ciberataque para que puedan tomar las medidas necesarias y ayudar en la investigación. Colaborar con las autoridades puede ayudar a identificar a los responsables del ataque y tomar acciones legales contra ellos.

  Además, la colaboración con expertos forenses en ciberseguridad puede ayudar a recopilar pruebas y comprender la naturaleza del ataque.

- **Restauración de los sistemas desde copias de seguridad actualizadas:** para recuperarse del ciberataque, es esencial restaurar los sistemas afectados desde copias de seguridad actualizadas.

  La restauración de los sistemas desde copias de seguridad ayuda a restablecer la funcionalidad de los sistemas y recuperar los datos perdidos o comprometidos.

- **Implementación de medidas de seguridad adicionales para prevenir futuros ataques:** después de sufrir un ciberataque, es importante fortalecer la seguridad de los sistemas para prevenir futuros ataques.

  Esto puede incluir la implementación de medidas como la actualización de software y sistemas operativos, la mejora de las políticas de contraseñas, la implementación de firewalls y sistemas de detección de intrusiones, y la capacitación del personal en ciberseguridad. Estas medidas adicionales ayudan a fortalecer la seguridad de los sistemas y reducir la probabilidad de futuros ataques.

Pérdida de datos debido a un fallo de hardware

En el caso de una pérdida de datos debido a un fallo de hardware, un plan de contingencia y recuperación podría incluir las siguientes medidas:

- **Recuperación de los datos desde copias de seguridad almacenadas en ubicaciones externas:** la recuperación de datos desde copias de seguridad es una de las medidas más efectivas para recuperar los datos perdidos debido a un fallo de hardware.

  Las copias de seguridad se deben almacenar en ubicaciones externas seguras y actualizadas regularmente para garantizar que los datos estén protegidos. La recuperación de datos desde copias de seguridad ayuda a restablecer la funcionalidad de los sistemas y recuperar los datos perdidos o comprometidos.

- **Reemplazo o reparación del hardware defectuoso:** en caso de un fallo de hardware, es necesario reemplazar o reparar el hardware defectuoso para restaurar la funcionalidad de los sistemas.

  Se debe contar con un inventario actualizado de los componentes de hardware y tener un proveedor de servicios de reparación de confianza para garantizar una respuesta rápida y efectiva.

- **Implementación de medidas de redundancia para evitar futuras pérdidas de datos:** es importante implementar medidas de redundancia para evitar futuras pérdidas de datos debido a fallos de hardware.

  Esto puede incluir la implementación de sistemas de almacenamiento en espejo, la replicación de datos en ubicaciones externas y la implementación de sistemas de respaldo de energía para evitar interrupciones en caso de cortes de energía.

Desastre natural que afecta la infraestructura tecnológica

En el caso de un desastre natural que afecta la infraestructura tecnológica de una organización, un plan de contingencia y recuperación podría incluir las siguientes acciones:

- **Evacuación segura del personal y protección de la vida humana:** en primer lugar, es importante garantizar la seguridad del personal y proteger la vida humana. Esto implica evacuar a las personas de manera segura y rápida, siguiendo los procedimientos establecidos en el plan de evacuación.

Es importante que la organización tenga un plan de evacuación bien definido y que el personal esté capacitado para llevarlo a cabo en caso de un desastre natural.

- **Restauración de los sistemas en ubicaciones alternativas o en la nube:** después de un desastre natural, es posible que los sistemas informáticos de la organización se vean afectados. Es importante restaurar los sistemas en ubicaciones alternativas o en la nube para garantizar la continuidad del negocio. Las ubicaciones alternativas deben estar preparadas para recibir los sistemas y contar con la infraestructura necesaria para garantizar su funcionamiento.

- **Implementación de medidas de seguridad adicionales para proteger los sistemas en caso de futuros desastres naturales:** después de un desastre natural, es importante implementar medidas de seguridad adicionales para proteger los sistemas en caso de futuros desastres naturales. Esto puede incluir la implementación de sistemas de respaldo de energía, la protección de los sistemas contra inundaciones y otros desastres naturales, y la implementación de medidas de redundancia para garantizar la disponibilidad de los sistemas.

Aquí hay algunos sitios web, donde se pueden descargar formatos ejemplos de plan de contingencia y recuperación de negocio a nivel de seguridad informática:

- ⚑ **Plan de contingencia informática | Cobit:** *https://cdn.www.gob.pe/*

- ⚑ **Estrategias de recuperación para un plan de continuidad del negocio:** *https://ciberseguridad.blog*

- ⚑ **Qué es un plan de contingencia y cómo crear uno en 8 pasos para evitar riesgos:** *https://asana.com*

- ⚑ **Plan de contingencia equipo informático:** *https://www.transparencia. gob.sv*

- ⚑ **Plan contingencia continuidad negocio | INCIBE:** *https://www.incibe.es/*

ⓘ **NOTA**

Recuerda que cada organización es única y puede requerir enfoques específicos en su plan de contingencia y recuperación. Es importante adaptar las técnicas y los pasos mencionados a las necesidades y características de tu organización.

Checklist para crear un plan de contingencia y recuperación

Aquí hay algunas preguntas básicas para crear un Plan de Contingencia y Recuperación, basado en los estándares ISO27002 y COBIT:

- ▶ ¿Cuáles son los objetivos y alcance del plan de contingencia y recuperación?

- ▶ ¿Cuáles son los activos críticos de información de la organización y cómo se protegerán?

- ▶ ¿Cómo se establecerá un equipo de respuesta a incidentes (CSIRT) y cuáles serán sus roles y responsabilidades?

- ▶ ¿Cómo se desarrollarán políticas y procedimientos claros para la gestión de incidentes, incluyendo la definición de los pasos a seguir en caso de un incidente, los protocolos de comunicación, la gestión de la información confidencial y la colaboración con otras áreas de la organización?

- ▶ ¿Cómo se realizará una evaluación de riesgos para identificar los posibles incidentes y establecer medidas de protección adecuadas?

- ▶ ¿Cómo se establecerán medidas de protección adecuadas para garantizar la disponibilidad, integridad y confidencialidad de los activos críticos de información?

- ▶ ¿Cómo se establecerá un plan de recuperación que incluya los pasos a seguir para restaurar los sistemas y datos afectados por un incidente?

- ▶ ¿Cómo se realizarán pruebas y simulaciones periódicas para evaluar la efectividad del plan de contingencia y recuperación y realizar mejoras continuas?

- ▶ ¿Cómo se proporcionará capacitación y formación continua al equipo del CSIRT y a otros empleados de la organización para mejorar su capacidad de respuesta y conciencia de seguridad?

- ▶ ¿Cómo se realizará un monitoreo constante de las amenazas y tendencias de seguridad, así como de la efectividad del plan de contingencia y recuperación, para realizar mejoras continuas?

ⓘ **NOTA**

Estas preguntas pueden ayudar a guiar el proceso de creación de un Plan de Contingencia y Recuperación basado en los estándares ISO27002 y COBIT, asegurando que se aborden los aspectos clave de la gestión de la ciberseguridad y la continuidad del negocio.

1.2 BUENAS HERRAMIENTAS Y TÉCNICAS DE SEGURIDAD

¿Cómo analizar las amenazas informáticas?

Análisis de amenazas y vulnerabilidades es un proceso importante para identificar y reducir riesgos en una organización. Algunos de los aspectos relevantes del análisis de amenazas y vulnerabilidades son:

▶ **Identificación de amenazas:** es importante identificar las amenazas que pueden afectar a la organización, tanto interna como externa. Las amenazas pueden ser físicas o cibernéticas, y pueden incluir ataques de hackers, desastres naturales, fallas de equipos, entre otros.

▶ **Evaluación de vulnerabilidades:** la evaluación de vulnerabilidades es un proceso que permite identificar las debilidades de las aplicaciones y sistemas de la organización. El proceso se enfoca en definir, identificar, clasificar y priorizar las debilidades de las aplicaciones para proporcionar una evaluación de las amenazas previsibles y reaccionar de manera apropiada.

▶ **Establecimiento de medidas de seguridad:** una vez que se han identificado las amenazas y evaluado las vulnerabilidades, es importante establecer medidas de seguridad para mitigar los riesgos. Estas medidas pueden incluir la implementación de sistemas de seguridad físicos y cibernéticos, la capacitación del personal, la implementación de políticas de seguridad, entre otros.

▶ **Actualización continua del modelo de amenazas:** en el mundo actual de las ciberamenazas, es importante actualizar continuamente el modelo de amenazas para anticiparse a las entidades maliciosas. Esto implica estar al tanto de las últimas tendencias y técnicas de ataque, y actualizar los sistemas de seguridad en consecuencia.

Existen varios ejercicios y herramientas que se pueden utilizar para la identificación de amenazas, algunos de los cuales se mencionan a continuación:

Métodos:

▶ Identificar situaciones inusuales en un caso de estudio y explicar cada situación identificada.

▶ Realizar un análisis de riesgos para identificar las amenazas y vulnerabilidades de una organización.

Técnicas:

▶ **Matriz de análisis de vulnerabilidad:** esta herramienta permite identificar las amenazas, el tipo de amenaza (interna o externa), las causas o fuentes de riesgo, y el impacto de la amenaza. A continuación, se describe cómo se utiliza esta herramienta:

- **Identificación de las amenazas:** se deben identificar todas las amenazas que pueden afectar a la organización, tanto interna como externa.

- **Clasificación de las amenazas:** se deben clasificar las amenazas identificadas en función de su tipo (interna o externa).

- **Identificación de las causas o fuentes de riesgo:** se deben identificar las causas o fuentes de riesgo de cada amenaza identificada.

- **Evaluación del impacto de la amenaza:** se debe evaluar el impacto de cada amenaza identificada en la organización.

- **Asignación de un nivel de riesgo:** se debe asignar un nivel de riesgo a cada amenaza identificada en función de su impacto y probabilidad de ocurrencias.

- **Desarrollo de medidas de seguridad:** se deben desarrollar medidas de seguridad para minimizar los riesgos identificados.

A continuación, se presenta un ejemplo práctico de cómo se utiliza esta herramienta en un entorno empresarial:

Paso 1: identificación de las amenazas

▶ Amenaza: acceso no autorizado a sistemas informáticos.

▶ Amenaza: Phishing dirigido a empleados.

▶ Amenaza: malware introducido a través de dispositivos USB infectados.

Paso 2: clasificación de las amenazas

▶ Interna: acceso no autorizado a sistemas informáticos.

▶ Externa: Phishing dirigido a empleados.

▶ Externa: malware introducido a través de dispositivos USB infectados.

Paso 3: identificación de las causas o fuentes de riesgo

▶ Acceso no autorizado: falta de políticas claras de acceso y control.

▶ Phishing: falta de concienciación y formación en seguridad.

▶ Malware a través de USB: falta de controles en la conexión de dispositivos externos.

Paso 4: evaluación del impacto de la amenaza

▶ Acceso no autorizado: potencial robo o manipulación de datos sensibles.

▶ Phishing: posible compromiso de credenciales y datos confidenciales.

▶ Malware a través de USB: riesgo de infección generalizada en la red corporativa.

Paso 5: asignación de un nivel de riesgo

▶ Acceso no autorizado: alto riesgo debido al impacto potencial en la integridad y confidencialidad de los datos.

▶ Phishing: mediano riesgo por la posibilidad de comprometer información sensible.

▶ Malware a través de USB: bajo riesgo si se implementan controles adecuados en la conexión de dispositivos.

Paso 6: desarrollo de medidas de seguridad

▶ Acceso no autorizado: implementar autenticación multifactor (MFA) y revisar regularmente los permisos.

▶ Phishing: realizar simulacros y sesiones formativas para concienciar al personal.

▶ Malware a través de USB: restringir el uso de dispositivos externos y utilizar soluciones antivirus actualizado.

ⓘ **NOTA**

Al seguir estos pasos y completar la Matriz de Análisis de Vulnerabilidad, la empresa puede identificar de manera efectiva las amenazas, evaluar su impacto y asignar prioridades para implementar medidas de seguridad adecuadas y mitigar los riesgos de seguridad en su entorno empresarial.

Propuesta metodológica SOCIA

Esta herramienta permite modelar al adversario y sus posibles acciones para identificar las amenazas, con el objetivo de identificar las amenazas y vulnerabilidades en un sistema. SOCIA es un acrónimo que significa "Situación, Objetivos, Capacidades, Incentivos y Acciones".

Esta metodología se utiliza para analizar las amenazas y vulnerabilidades en sistemas de seguridad, como sistemas de información y redes de computadoras. SOCIA permite identificar las amenazas y vulnerabilidades en un sistema, así como las posibles acciones que un adversario podría tomar para explotar estas vulnerabilidades. SOCIA también ayuda a identificar las debilidades en la seguridad de un sistema y a desarrollar medidas de seguridad para reducir los riesgos.

A continuación, se presenta un ejemplo práctico de cómo se aplica la metodología SOCIA en el análisis de amenazas y vulnerabilidades en un entorno empresarial:

▼ **Situación:**

En una empresa de servicios financieros, se identifica la necesidad de evaluar la seguridad de su sistema de gestión de clientes en línea. La empresa maneja información confidencial y transacciones financieras sensibles, por lo que es crucial proteger sus activos digitales contra posibles amenazas cibernéticas.

▼ **Objetivos:**

El objetivo principal es identificar las posibles amenazas y vulnerabilidades que podrían comprometer la integridad, confidencialidad y disponibilidad de los datos del sistema de gestión de clientes en línea. Se busca fortalecer la seguridad del sistema y prevenir posibles ataques cibernéticos.

▼ **Capacidades:**

Se cuenta con un equipo de seguridad informática capacitado y herramientas especializadas para llevar a cabo el análisis de amenazas y vulnerabilidades. El equipo tiene experiencia en evaluaciones de seguridad y está preparado para aplicar la metodología SOCIA de manera efectiva.

▼ **Incentivos:**

Los incentivos para realizar este análisis de seguridad incluyen proteger la reputación de la empresa, garantizar la confianza de los clientes en sus servicios en línea y cumplir con las regulaciones de protección de datos vigentes. La prevención de posibles brechas de seguridad es fundamental para mantener la integridad del negocio.

- **Acciones:**
  - Identificación de amenazas: se analizan posibles amenazas como ataques de phishing dirigidos a clientes, intentos de intrusión en el sistema o explotación de vulnerabilidades conocidas.
  - Modelado del adversario: se crea un perfil detallado del adversario potencial, considerando sus motivaciones, capacidades técnicas y recursos disponibles para llevar a cabo un ataque.
  - Análisis de vulnerabilidades: se identifican las posibles debilidades en el sistema, como falta de parches actualizados, configuraciones inseguras o accesos no autorizados.
  - Desarrollo de medidas correctivas: se proponen medidas correctivas como implementar controles adicionales de acceso, realizar pruebas periódicas de penetración y mejorar la concienciación en seguridad entre los empleados.

> ⓘ NOTA
>
> Al aplicar la metodología SOCIA en este escenario, la empresa puede fortalecer proactivamente su postura de seguridad cibernética, identificar áreas críticas que requieren atención y desarrollar estrategias efectivas para mitigar riesgos potenciales en su sistema de gestión de clientes en línea.

1.3 BUENAS PRÁCTICAS Y CONSEJOS DE SEGURIDAD

A continuación, se presentan algunas mejores prácticas para la seguridad de los equipos informáticos hogareños y empresariales, enfocadas a estudiantes de informática y profesionales de ciberseguridad:

- **Desarrollar una política de seguridad:** es importante establecer una política de seguridad que defina las normas y directrices para garantizar la confidencialidad, integridad y disponibilidad de la información y minimizar los riesgos que le afectan. Esta política debe ser clara y fácil de entender para todos los usuarios.

▶ **Actualizar el software y los sistemas operativos**: es importante mantener el software y los sistemas operativos actualizados para garantzar que se corrijan las vulnerabilidades conocidas y se mejore la seguridad de los sistemas.

▶ **Utilizar contraseñas seguras:** es importante utilizar contraseñas seguras y cambiarlas regularmente para evitar el acceso no autorizado a los sistemas y la información.

▶ **Realizar copias de seguridad:** es importante realizar copias de seguridad de la información crítica para garantizar su disponibilidad en caso de una falla del sistema o un desastre.

▶ **Utilizar software antivirus y antimalware:** es importante utilizar software antivirus y antimalware para proteger los sistemas contra virus, malware y otras amenazas.

▶ **Controlar el acceso físico:** es importante controlar el acceso físico a los equipos informáticos para evitar el acceso no autorizado a la información.

▶ **Capacitar a los usuarios:** es importante capacitar a los usuarios en las mejores prácticas de seguridad informática para garantizar que comprendan los riesgos y sepan cómo proteger la información.

▶ **Realizar evaluaciones y auditorías de seguridad:** es importante realizar evaluaciones y auditorías de seguridad para identificar las debilidades y vulnerabilidades en los sistemas y tomar medidas para corregirlas.

ⓘ NOTA

La seguridad de los dispositivos informáticos domésticos y empresariales es fundamental para garantizar que la información esté protegida y minimizar los riesgos que la afectan. Para lograr esto, es importante establecer una política de seguridad, mantener el software y los sistemas operativos actualizados, utilizar contraseñas seguras, realizar copias de seguridad, utilizar software antivirus y antimalware, controlar el acceso físico, capacitar a los usuarios y realizar evaluaciones y auditorías de seguridad.

1.4 EVOLUCIÓN DE LOS HACKERS Y REGULACIÓN EN CIBERSEGURIDAD

La Real Academia Española (RAE) define a un hacker como una persona con grandes habilidades en el manejo de computadoras que investiga un sistema informático para avisar de los fallos y desarrollar técnicas de mejora.

La evolución de los hackers ha sido un fenómeno que ha ido cambiando a lo largo del tiempo. Desde los orígenes de los hackers, que se remontan a los años 60 y 70, donde se destacan figuras como Steve Wozniak y Steve Jobs, hasta la actualidad, la motivación y las técnicas utilizadas por los hackers han experimentado cambios significativos. Estos cambios han sido impulsados por factores como el avance tecnológico, la globalización y el cambio en las motivaciones de los propios hackers.

Orígenes de los hackers

Los orígenes de los hackers se encuentran en los años 60 y 70, cuando surgieron comunidades de programadores y entusiastas de la computación que buscaban explorar y entender a fondo los sistemas informáticos. Figuras como Steve Wozniak y Steve Jobs, cofundadores de Apple, son considerados como pioneros de esta cultura hacker. En sus inicios, los hackers tenían un enfoque creativo y de aprendizaje, y su principal motivación era superar los desafíos técnicos y descubrir nuevas formas de utilizar los sistemas informáticos.

Cambios en las motivaciones de los hackers

A lo largo del tiempo, las motivaciones de los hackers han experimentado cambios significativos. Mientras que en sus orígenes predominaba la curiosidad y el deseo de explorar los sistemas informáticos, en la actualidad existen diferentes motivaciones que impulsan a los hackers. Algunos buscan obtener beneficios económicos a través de actividades delictivas, como el robo de datos o la extorsión, mientras que otros buscan hacer activismo político o socavar la seguridad de las instituciones. Estos cambios en las motivaciones han llevado a un aumento en la sofisticación y diversificación de las técnicas utilizadas por los hackers.

Técnicas y herramientas utilizadas por los hackers

Los hackers utilizan una variedad de técnicas y herramientas para llevar a cabo sus actividades. Estas incluyen:

- La ingeniería social, donde se manipula a individuos para obtener información confidencial.

- El uso de malware, como virus, troyanos y ransomware, para acceder a sistemas y robar datos o extorsionar a sus víctimas.

- Técnicas de intrusión, como la explotación de vulnerabilidades en sistemas y redes, así como el phishing, que consiste en engañar a los usuarios para obtener sus credenciales de acceso.

Las herramientas especializadas utilizadas por *hackers* y *pentesters* incluyen:

- **KaliLinux/ParrotOS/BlackArchLinux:** son distribuciones completas GNU/Linux especializadas en auditoría de seguridad de sistemas, con más de 300 herramientas dedicadas al *Pentesting.*

- **Nessus**: una aplicación centrada en identificar vulnerabilidades en los servicios, con una amplia base de datos y una interfaz sencilla de utilizar.

- **Metasploit:** una suite de herramientas que recoge una variedad de *exploits* y otras herramientas útiles para el trabajo de pentesting.

- **Nmap**: una herramienta de escaneo de redes que permite descubrir dispositivos en una red y sus servicios.

- **Burp Suite:** utilizado como proxy transparente para interceptar y manipular el tráfico web, mapear objetivos y escanear debilidades.

- **NetCat:** una herramienta para interactuar con puertas de servicios directamente, transferir archivos y establecer sesiones de host a host.

- **DirBuster:** utilizado para mapear archivos y directorios en un sitio web, identificando archivos y directorios incluso si no tienen un enlace directo.

Regulación en ciberseguridad en España

La regulación en ciberseguridad en España se ha vuelto cada vez más relevante debido al crecimiento exponencial de las amenazas cibernéticas. En este país, existen diversas legislaciones que buscan proteger la información, los sistemas y la infraestructura digital. A continuación, se detallan algunas de las leyes y normativas más importantes en el ámbito de la ciberseguridad en España:

Ley orgánica de protección de datos personales y garantía de los derechos digitales (LOPDGDD)

La LOPDGDD es una normativa fundamental que regula el tratamiento de los datos personales y garantiza los derechos digitales de los ciudadanos. Esta ley establece las obligaciones que deben cumplir las empresas y organizaciones respecto a la protección de la información personal y digital.

Estrategia nacional de ciberseguridad

La estrategia nacional de ciberseguridad es un documento que establece las líneas maestras para garantizar la seguridad en el ciberespacio. Esta estrategia busca fortalecer la resiliencia del país frente a posibles ciberataques y promover la colaboración entre los sectores público y privado en materia de ciberseguridad.

Real Decreto Ley 12/2018, de 7 de septiembre, sobre seguridad de las redes y sistemas de información

El Real Decreto Ley tiene como objetivo establecer medidas para garantizar un nivel adecuado de seguridad en las redes y sistemas de información. Se centra en la protección de infraestructuras críticas y en la prevención de incidentes cibernéticos que puedan afectar a la seguridad nacional.

Ley 9/2014, general de telecomunicaciones

La Ley General de Telecomunicaciones regula diversos aspectos relacionados con las comunicaciones electrónicas, incluyendo la seguridad de las redes y servicios de comunicaciones electrónicas. Esta ley establece medidas para proteger la integridad, disponibilidad y confidencialidad de las comunicaciones digitales.

Estas son solo algunas de las legislaciones clave en materia de ciberseguridad en España. La constante evolución del entorno digital hace que estas normativas sean fundamentales para proteger los activos digitales y garantizar la seguridad en el ciberespacio español.

Las regulaciones en ciberseguridad más importantes a nivel global incluyen:

▶ **Reglamento de ciberresiliencia de la Unión Europea:** este reglamento busca establecer requisitos de ciberseguridad obligatorios para los productos digitales, como equipos, con el objetivo de fortalecer la seguridad cibernética a nivel europeo.

▶ **Directiva NIS2 de la Unión Europea:** esta directiva es una legislación a escala de la UE que proporciona medidas legales para impulsar el nivel general de ciberseguridad en la Unión Europea.

▶ **Normas ISO y IEC:** las normas ISO e IEC son estándares internacionales que ofrecen orientación sobre aspectos fundamentales de gestión ejecutiva ética empresarial, control interno, gestión del riesgo empresarial, control de fraude y prestación de informes financieros, contribuyendo así a mejorar la ciberseguridad a nivel global.

Estas regulaciones representan algunos de los marcos normativos más relevantes a nivel global para fortalecer la ciberseguridad y proteger la información digital en un entorno cada vez más interconectado y expuesto a amenazas cibernéticas.

2

USO SEGURO Y CRÍTICO DE INTERNET

En el contexto actual, donde la tecnología y la información digital son pilares fundamentales de nuestra sociedad, es imperativo que los estudiantes de informática comprendan a fondo el uso seguro y crítico de Internet. Este capítulo se enfoca en la identificación de amenazas y riesgos de seguridad en línea, proporcionando a los estudiantes las herramientas y conocimientos necesarios para navegar por la red de manera segura y consciente en su camino hacia convertirse en profesionales de la informática.

2.1 IDENTIFICACIÓN DE AMENAZAS Y RIESGOS DE SEGURIDAD

Al adentrarnos en el vasto mundo de Internet, es crucial comprender las amenazas y riesgos de seguridad que acechan en la red. Desde ciberataques sofisticados hasta prácticas de phishing engañosas, los usuarios deben estar alerta y preparados para enfrentar los desafíos que se presentan en el ciberespacio.

▶ **Malware y virus**

Uno de los peligros más comunes en Internet son los malware y virus, programas maliciosos diseñados para infiltrarse en sistemas informáticos y causar daños. Estos pueden propagarse a través de descargas no seguras, correos electrónicos infectados o sitios web comprometidos. Es fundamental contar con un software antivirus actualizado y evitar hacer clic en enlaces sospechosos para protegerse contra esta amenaza.

▶ **Phishing e ingeniería social**

El phishing es una técnica utilizada por ciberdelincuentes para engañar a los usuarios y obtener información confidencial, como contraseñas o datos bancarios. A menudo se disfrazan de correos electrónicos o mensajes falsos que parecen legítimos, instando a los destinatarios a revelar información sensible. Es crucial mantener la cautela al interactuar con correos electrónicos desconocidos y verificar la autenticidad de los remitentes antes de compartir datos personales.

▶ **Vulnerabilidades de Software**

Las vulnerabilidades de software representan puntos débiles en programas y aplicaciones que pueden ser explotados por atacantes para acceder a sistemas y redes. Es fundamental mantener actualizados todos los programas y sistemas operativos, ya que las actualizaciones suelen incluir parches de seguridad que corrigen vulnerabilidades conocidas.

▶ **Redes Wi-Fi públicas**

Las redes Wi-Fi públicas son convenientes pero también representan un riesgo de seguridad, ya que los datos transmitidos a través de ellas pueden ser interceptados por terceros malintencionados. Se recomienda evitar realizar transacciones financieras o acceder a información confidencial mientras se está conectado a redes Wi-Fi abiertas y utilizar una red privada virtual (VPN) para cifrar la conexión y proteger la privacidad.

▶ **Contraseñas débiles**

El uso de contraseñas débiles o repetidas aumenta la vulnerabilidad de las cuentas en línea. Se recomienda utilizar contraseñas robustas que combinen letras, números y caracteres especiales, así como habilitar la autenticación de dos factores siempre que sea posible para agregar una capa adicional de seguridad a las cuentas en línea.

¿Pero, cómo identificar las amenazas informáticas?

Tanto en sistemas Windows como en sistemas Linux, es importante realizar un análisis de amenazas y vulnerabilidades para identificar posibles riesgos y tomar medidas de seguridad para proteger el sistema. A continuación, se presentan algunos recursos que pueden ser útiles para realizar un análisis de amenazas y vulnerabilidades en sistemas Windows y Linux:

En el caso de sistemas Windows, Microsoft ofrece una serie de medidas de seguridad diseñadas para proteger el sistema y la información desde el momento en que se inicia, lo que proporciona protección fundamental de chip a nube. Windows 11 es el Windows más seguro a la fecha, con amplias medidas de seguridad diseñadas para ayudar a mantenerse a salvo. Además, Microsoft proporciona un sólido conjunto de directivas de configuración de seguridad que los administradores de TI pueden utilizar para proteger el sistema.

En el caso de sistemas Linux, existen diferentes herramientas gratuitas que permiten analizar distintas piezas de malware que apunten a distintos sistemas operativos. Es importante tener en cuenta que cuando se va a realizar el análisis, el mismo se haga sobre una máquina virtual. Si es necesario ejecutar el malware, se debe utilizar una máquina virtual que pueda correr el sistema operativo al que apunta el malware. Además, es importante que los administradores de Linux mantengan una copia de respaldo de la instalación completa del sistema operativo, para poder enfrentar un largo proceso de recuperación en caso de un desastre o una falla del disco.

Figura 2.13. Fases de una prueba de penetración (Pentesting). Fuente: https://www.exev .com/

¿Cómo explorar redes e identificar vulnerabidades en equipos informáticos?

En esta sección, nos enfocaremos en las dos primeras fases del Pentesting: Reconocimiento y Exploración. Estas fases son fundamentales para determinar las vulnerabilidades informáticas en un sistema y son la base para el resto del proceso de hacking ético.

► **La fase de reconocimiento** se enfoca en recopilar información sobre el sistema objetivo, como direcciones IP, nombres de dominio, puertos abiertos, servicios en ejecución, entre otros. Esta información es esencial para entender cómo funciona el sistema y para identificar posibles vulnerabilidades.

► **La fase de exploración** se enfoca en utilizar la información recopilada en la fase de reconocimiento para identificar posibles vulnerabilidades en el sistema. En esta fase, se utilizan herramientas como Nmap para realizar escaneos de puertos y detectar posibles vulnerabilidades en el sistema.

Ahora, nos enfocaremos en estas dos fases para proporcionar una base sólida para el proceso de hacking ético. Aprenderemos cómo recopilar información sobre un sistema objetivo y cómo utilizar esta información para identificar posibles vulnerabilidades. También aprenderemos cómo utilizar herramientas como Nmap para realizar escaneos de puertos y detectar posibles vulnerabilidades en el sistema.

Para explorar redes locales y detectar vulnerabilidades en equipos informáticos, existen diferentes herramientas y técnicas que pueden ser útiles. A continuación, se presentan algunos recursos que pueden ser útiles para realizar un análisis de amenazas y vulnerabilidades en equipos informáticos usando NMAP:

► **Análisis de vulnerabilidades internas:** es un tipo de análisis que se enfoca en identificar las vulnerabilidades que existen dentro de la red interna de la organización. Se pueden utilizar herramientas como Nmap para realizar escaneos de puertos y detectar posibles vulnerabilidades en el sistema.

► **Análisis de vulnerabilidades externas:** este tipo de análisis se enfoca en identificar las vulnerabilidades que existen en la red externa de la organización. Se pueden utilizar herramientas como Nmap para realizar escaneos de puertos y detectar posibles vulnerabilidades en el sistema.

► **Exploración de vulnerabilidades:** la exploración de vulnerabilidades es un proceso que identifica las debilidades en una red o sistema. Se pueden utilizar herramientas como Nmap para realizar escaneos de puertos y detectar posibles vulnerabilidades en el sistema.

De forma inicial, se puede hacer un reconocimiento básico de puertos en la etapa de reconocimiento usando comandos **NMAP**.

Nmap es una herramienta de código abierto más avanzada que la anterior, que se utiliza para realizar escaneos de puertos, servicios, protocolos de red y detección de vulnerabilidades en sistemas Windows y Linux, para realizar exploraciones de redes informáticas.

Esto es especialmente útil en el campo de la ciberseguridad, ya que permite identificar posibles vulnerabilidades en los sistemas.

Su principal objetivo es realizar exploraciones de redes informáticas para detectar hosts, identificar puertos abiertos y servicios en esos hosts.

Esto es especialmente valioso para identificar posibles vulnerabilidades y fortalecer la seguridad de los sistemas.

▶ **Paso 1:** instalación de NMAP. El primer paso es instalar NMAP en tu sistema. Puedes hacerlo descargando el paquete de instalación desde el sitio oficial o utilizando el gestor de paquetes de tu sistema operativo.

▶ **Paso 2:** preparación para la exploración. Antes de comenzar con la exploración, es importante tener claro qué tipo de análisis deseas realizar y obtener la dirección IP del host objetivo. Además, asegúrate de tener permiso para realizar estas pruebas, ya que escanear redes sin autorización puede ser ilegal.

▶ **Paso 3:** exploración básica de puertos. Una vez que tienes todo listo, puedes abrir una terminal y utilizar el siguiente comando para realizar una exploración básica de puertos: nmap -sS <dirección IP> El parámetro "-sS" indica que se realice un escaneo SYN *Stealth*, que es más sigiloso Sustituye "<dirección IP>" por la dirección IP del host que deseas analizar. Este comando escaneará los 1000 puertos más comunes y te mostrará los puertos abiertos y los servicios asociados a ellos. Esto te dará una idea inicial de la configuración de seguridad de la red y los posibles puntos de entrada.

▶ **Paso 4:** exploración detallada de puertos y servicios. Para obtener más información sobre los puertos abiertos y servicios, puedes utilizar el siguiente comando: nmap -sV -p <puertos> <dirección IP> El parámetro "-sV" indica que se realice una detección de servicios en los puertos especificados, mientras que "-p" permite especificar los puertos que deseas escanear. Sustituye "<puertos>" por una lista de puertos separados por comas.

A continuación, se presentan algunos recursos que pueden ser útiles para realizar un análisis de amenazas y vulnerabilidades con Nmap en sistemas Windows y Linux:

▶ En el caso de sistemas Windows, se puede utilizar Nmap para realizar un escaneo de puertos TCP y UDP y detectar posibles vulnerabilidades en el sistema. Además, existen scripts específicos de Nmap que permiten identificar vulnerabilidades conocidas en sistemas Windows. Por ejemplo, el script "smb-vuln-ms17-010" permite detectar la vulnerabilidad EternalBlue en sistemas Windows.

▶ En sistemas Linux, Nmap se utiliza comúnmente para realizar escaneos de puertos y detectar posibles vulnerabilidades en el sistema. Además, existen scripts específicos de Nmap que permiten identificar vulnerabilidades conocidas en sistemas Linux. Por ejemplo, el script "http-vuln-cve2015-1635" permite detectar la vulnerabilidad *"Ghost"* en sistemas GNU/Linux.

¿En qué consiste la fase de reconocimiento (Recon/Reconnaissance)?

Para detectar hosts activos en un rango de direcciones IP, se puede utilizar la herramienta Nmap con el script *"ping-sweep"*. Este script envía un ping a cada dirección IP en el rango especificado y devuelve una lista de las direcciones IP que responden al ping, lo que indica que los hosts están activos en la red.

A continuación, se presenta un ejemplo práctico de cómo utilizar el *script* *"ping-sweep"* de Nmap para detectar hosts activos en un rango de direcciones IP desde un sistema Windows:

Abrir la terminal de Windows y escribir el comando "nmap -sn [rango de direcciones IP]" para realizar el escaneo de hosts activos.

Analizar los resultados del escaneo para identificar las direcciones IP que responden al ping y, por lo tanto, están activas en la red.

Utilizar esta información para tomar medidas de seguridad y proteger la red.

A continuación, se presenta una salida de datos hipotética del *script "ping-sweep"* de Nmap en un rango de direcciones IP:

```
Starting Nmap 7.94 ( https://nmap.org ) at 2023-11-01 10:00 Eastern Standard Time
Nmap scan report for 192.168.1.1
Host is up (0.0020s latency).
Nmap scan report for 192.168.1.2
```

```
Host is up (0.0020s latency).
Nmap scan report for 192.168.1.3
Host is up (0.0020s latency).
Nmap scan report for 192.168.1.4
Host is up (0.0020s latency).
Nmap scan report for 192.168.1.5
Host is up (0.0020s latency).
Nmap scan report for 192.168.1.6
Host is up (0.0020s latency).
Nmap scan report for 192.168.1.7
Host is up (0.0020s latency).
Nmap scan report for 192.168.1.8
Host is up (0.0020s latency).
Nmap scan report for 192.168.1.9
Host is up (0.0020s latency).
Nmap scan report for 192.168.1.10
Host is up (0.0020s latency).
Nmap done: 10 IP addresses (10 hosts up) scanned in 0.10 seconds
```

En este ejemplo, se escaneó un rango de direcciones IP de 192.168.1.1 a 192.168.1.10 y se detectaron 10 hosts activos en la red.

Ejercicios

Para hacer la identificación de amenazas usando el comando en una terminal Windows o Linux a un host local o remoto, se pueden utilizar algunas herramientas de línea de comandos, como Nmap, que es una herramienta de escaneo de puertos y detección de vulnerabilidades. A continuación, se describe cómo utilizar Nmap para identificar amenazas:

▶ Descargue e instale Nmap en el host local o remoto, desde el sitio web **https://nmap.org**

▶ Abra la terminal y escriba el comando "**nmap -sS [dirección IP del host]**" para realizar un escaneo de puertos TCP.

▶ Analizar los resultados del escaneo para identificar los puertos abiertos y posibles vulnerabilidades.

▶ Usar el comando "**nmap -sU [dirección IP del host]**" para realizar un escaneo de puertos UDP.

▶ Analizar los resultados del escaneo para identificar los puertos abiertos y posibles vulnerabilidades.

▶ Utilizar el comando "**nmap -A [dirección IP del host]**" para realizar un escaneo más completo que incluye la detección de sistemas operativos y servicios.

▶ Analizar los resultados del escaneo para identificar posibles vulnerabilidades y amenazas.

ⓘ **NOTA**

El proyecto NMAP ha puesto a la disposición del público una máquina para ayudar a las personas a aprender sobre Nmap y también para probar y asegurarnos de que su instalación de Nmap (o conexión a Internet) funcione correctamente. Está autorizado a escanear esta máquina con Nmap u otros escáneres de puertos. Trate de no martillar el servidor demasiado fuerte. El equipo desarrollador solicita en su sitio web < *http:// scanme.nmap.org/*> que no escanee 100 veces al día ni use este sitio para probar su herramienta de descifrado de contraseñas de fuerza bruta ssh.

Resultados

Escaneo UDP usando la herramienta NMAP en un sistema GNU/Linux

En sistemas Linux, los símbolos "#" y "$" tienen un significado especial en la línea de comandos. A continuación, se explica su significado:

El símbolo **"#"** se utiliza para indicar que el usuario ha iniciado sesión como superusuario o administrador del sistema. En la línea de comandos, el símbolo "#" aparece al final del *prompt*, lo que indica que el usuario tiene privilegios de administrador y puede ejecutar comandos que requieren permisos especiales. Por ejemplo, para instalar un paquete de software utilizando el gestor de paquetes apt en Ubuntu, se debe utilizar el comando "sudo" para obtener permisos de administrador. El símbolo "#" indica que el usuario ha iniciado sesión como superusuario y tiene los permisos necesarios para ejecutar el comando.

El símbolo **"$"** se utiliza para indicar que el usuario ha iniciado sesión como usuario normal o no privilegiado. En la línea de comandos, el símbolo "$" aparece al final del *prompt*, lo que indica que el usuario no tiene permisos de administrador y no puede ejecutar comandos que requieren permisos especiales. Por ejemplo, para ver los archivos en un directorio, se puede utilizar el comando "ls". El símbolo "$" indica que el usuario ha iniciado sesión como usuario normal y no tiene los permisos necesarios para ejecutar comandos que requieren permisos especiales.

```
root@ubuntu:/home/arturo# nmap -sU 192.168.1.8
Starting Nmap 7.94 ( https://nmap.org ) at 2023-07-01 13:39 -04
```

```
Nmap scan report for 192.168.1.8
Host is up (0.18s latency).
Other addresses for scanme.nmap.org (not scanned): 2600:3c01::f03c:91ff:fe18:bb2f
Not shown: 996 open|filtered ports
PORT     STATE  SERVICE
53/udp   open   domain
445/udp  open   smb
1718/udp closed h225gatedisc
1719/udp closed h323gatestat
5060/udp closed sip
Nmap done: 1 IP address (1 host up) scanned in 22.25 seconds
```

Explicación

El comando "nmap -sU" se utiliza para realizar un escaneo de puertos UDP en un sistema. UDP es un protocolo de comunicación que se utiliza para enviar paquetes de datos a través de una red. A diferencia de TCP, UDP no establece una conexión antes de enviar los datos, lo que lo hace más rápido pero menos confiable. La salida de datos del comando "nmap -sU" muestra los puertos que se han encontrado durante el escaneo, junto con su estado y el servicio que se está ejecutando en el puerto. En el ejemplo proporcionado, se han encontrado cuatro puertos en el host escaneado. El primer puerto es el 53/udp, que se encuentra abierto y corresponde al servicio de DNS. Los otros tres puertos, 1718/udp, 1719/udp y 5060/udp, se encuentran cerrados, lo que significa que no se están ejecutando servicios en estos puertos.

Escaneo TCP usando la herramienta NMAP en un sistema Windows

```
Microsoft Windows [Versión 10.0.19042.630]
(c) 2020 Microsoft Corporation. Todos los derechos reservados.
C:\Users\arturo>nmap -sS 192.168.1.8
Starting Nmap 7.94 ( https://nmap.org ) at 2023-07-02 10:42 Hora estándar ceste,
Sudamérica
Nmap scan report for 192.168.1.8
Host is up (0.54s latency).
Not shown: 990 filtered tcp ports (no-response)
PORT    STATE  SERVICE
20/tcp  closed ftp-data
21/tcp  closed ftp
22/tcp  open   ssh
23/tcp  closed telnet
53/tcp  open   domain
```

```
80/tcp  open   http
110/tcp closed pop3
119/tcp closed nntp
443/tcp closed https
445/tcp open   smb
554/tcp closed rtsp
Nmap done: 1 IP address (1 host up) scanned in 51.09 seconds
```

Explicación

El comando "nmap -sS" se utiliza para realizar un escaneo de puertos TCP utilizando el método de "*half-open*", que permite detectar los puertos abiertos sin establecer una conexión completa. La salida de datos de este comando muestra los puertos que se han encontrado durante el escaneo, junto con su estado y el servicio que se está ejecutando en el puerto.

La opción "-sS" puede incluir información como el número de puertos abiertos y cerrados, el estado de cada puerto y el servicio que se está ejecutando en cada puerto. Esta información es útil para identificar posibles vulnerabilidades y amenazas en el sistema. Es importante tener en cuenta que la identificación de puertos abiertos y cerrados es una parte importante de la identificación de amenazas y vulnerabilidades en un sistema, y es importante tomar medidas de seguridad para proteger los puertos abiertos y cerrar los puertos que no se están utilizando.

ⓘ INFORMACIÓN

Es importante tener en cuenta que el uso de herramientas de línea de comandos para la identificación de amenazas debe ser realizado por personal capacitado y autorizado, ya que un mal uso de estas herramientas puede causar daños a los sistemas y redes. Además, es importante seguir las buenas de seguridad, como la buena configuración de los sistemas y el uso de herramientas prácticas para prevenir cualquier amenaza posible en los sistemas de control.

¿En qué consiste la fase de exploración (Exploring)?

Usar Nmap El script en esta fase, permitirá escanear y enumerar todos los servicios, aplicaciones o elementos de red a raíz del descubrimiento en la primera fase (dispositivos, hosts, servidores, servicios, entre otros). El script es muy útil para identificar posibles vulnerabilidades en los sistemas y para tener una visión general de la red, determinar si el servicios o protocolo es vulnerable o no, de ataques informáticos.

Para ello, se utilizará el script "smb-vuln-ms17-010" es una herramienta de Nmap que permite detectar la vulnerabilidad EternalBlue en sistemas Windows. Esta vulnerabilidad fue explotada por el *ransomware* WannaCry en 2017 y afectó a miles de sistemas en todo el mundo.

El funcionamiento del script "smb-vuln-ms17-010" es el siguiente:

▶ El script envía una solicitud al servidor SMBv1 de Microsoft para verificar si es vulnerable a la ejecución remota de código.

▶ Si el servidor SMBv1 es vulnerable, el script devuelve un resultado de "**VULNERABLE**" y proporciona información detallada sobre la vulnerabilidad.

▶ Si el servidor SMBv1 no es vulnerable, el script devuelve un resultado de "**NOT VULNERABLE**".

A continuación, se presenta un ejemplo práctico de cómo utilizar el script "**smb-vuln-ms17-010**" para detectar la vulnerabilidad EternalBlue en un sistema Windows:

Abrir la terminal y escribir el comando "**nmap -p 445 --script smb-vuln-ms17-010** [dirección IP del sistema]" para realizar el escaneo de vulnerabilidades.

Analizar los resultados del escaneo para identificar si el sistema es vulnerable a la ejecución remota de código.

Si el sistema es vulnerable, tomar medidas de seguridad para proteger el sistema y corregir la vulnerabilidad.

A continuación, se presenta una salida de datos hipotética del script "smb-vuln-ms17-010" en un sistema vulnerable a la vulnerabilidad **EternalBlue**:

```
Starting Nmap 7.94 ( https://nmap.org ) at 2023-11-01 10:00 Eastern Standard
Time
Nmap scan report for 192.168.1.8
| smb-vuln-ms17-010:
| VULNERABLE:
| Remote Code Execution vulnerability in Microsoft SMBv1 servers (ms17-010)
| State: VULNERABLE
| IDs: CVE:CVE-2017-0143
| Risk factor: HIGH
| A critical remote code execution vulnerability exists in Microsoft SMBv1
| servers (ms17-010).
| Disclosure date: 2017-03-14
| References:
| https://cve.mitre.org/cgi-bin/cvename.cgi?name=CVE-2017-0143
| https://technet.microsoft.com/en-us/library/security/ms17-010.aspx
|https://blogs.technet.microsoft.com/msrc/2017/05/12/customer-guidance-for-wan-
nacrypt- attacks/
```

Explicación

El resultado de escaneo con Nmap que se presenta indica que se ha detectado una vulnerabilidad crítica de ejecución remota de código en servidores Microsoft SMBv1 (ms17-010). Esta vulnerabilidad es conocida como EternalBlue y ha sido explotada por malware como WannaCry y Petya ransomware, entre otros.

El script "**smb-vuln-ms17-010**" de Nmap se utiliza para detectar si un servidor Microsoft SMBv1 es vulnerable a esta vulnerabilidad de ejecución remota de código. Si el script devuelve un resultado de "**VULNERABLE**", significa que el servidor es vulnerable a la explotación de esta vulnerabilidad.

Es importante tener en cuenta que esta vulnerabilidad es crítica y debe ser corregida inmediatamente para evitar posibles ataques. Microsoft ha emitido actualizaciones de seguridad para corregir esta vulnerabilidad, y es importante asegurarse de que los sistemas estén actualizados y protegidos.

¿Qué son los escáneres de vulnerabilidades?

Los escáneres de vulnerabilidades informáticas son herramientas que se utilizan para detectar posibles problemas de seguridad en los sistemas informáticos. Estas herramientas pueden ser de software o hardware y se utilizan para diagnosticar y analizar los ordenadores conectados a la red, lo que permite examinar las redes, los ordenadores y las aplicaciones en busca de posibles problemas de seguridad, así como evaluar y corregir las vulnerabilidades.

Los escáneres de vulnerabilidades informáticas pueden realizar diferentes tareas, como la identificación de posibles vulnerabilidades, la confirmación de las vulnerabilidades seleccionadas mediante métodos específicos y ataques simulados, la generación de informes y la eliminación automatizada de vulnerabilidades. Estos pasos no siempre se implementan en los escáneres de seguridad de la red, pero a menudo se encuentran en los escáneres del sistema.

Existen diferentes escáneres de vulnerabilidades informáticas que se utilizan para detectar posibles problemas de seguridad en los sistemas informáticos. A continuación, se presentan algunos ejemplos y casos de uso de escáneres de vulnerabilidades:

> ▶ **Nessus**: es un escáner de vulnerabilidades de red que se utiliza para detectar posibles problemas de seguridad en los sistemas informáticos. Nessus es una herramienta de pago que se utiliza para realizar escaneos de puertos, detectar vulnerabilidades y generar informes detallados sobre los resultados del escaneo.

- **OpenVAS:** es un escáner de vulnerabilidades de red de código abierto que se utiliza para detectar posibles problemas de seguridad en los sistemas informáticos. OpenVAS es una herramienta gratuita que se utiliza para realizar escaneos de puertos, detectar vulnerabilidades y generar informes detallados sobre los resultados del escaneo.

- **Qualys:** es una plataforma de seguridad en la nube que se utiliza para detectar posibles problemas de seguridad en los sistemas informáticos. Qualys es una herramienta de pago que se utiliza para realizar escaneos de puertos, detectar vulnerabilidades y generar informes detallados sobre los resultados del escaneo.

- **BurpSuite:** es una herramienta de prueba de penetración que se utiliza para detectar posibles problemas de seguridad en los sistemas informáticos. BurpSuite es una herramienta de pago que se utiliza para realizar pruebas de penetración, detectar vulnerabilidades y generar informes detallados sobre los resultados de la prueba.

- **IBM Security QRadar:** es una plataforma de exploración de red que se utiliza para detectar posibles problemas de seguridad en los sistemas informáticos. IBM Security QRadar es una herramienta de pago que se utiliza para realizar escaneos de puertos, detectar vulnerabilidades y generar informes detallados sobre los resultados del escaneo.

- **AlienVault USM Anywhere**: es una plataforma de seguridad en la nube que se utiliza para detectar posibles problemas de seguridad en los sistemas informáticos. AlienVault USM Anywhere es una herramienta de pago que se utiliza para realizar escaneos de puertos, detectar vulnerabilidades y generar informes detallados sobre los resultados del escaneo.

Herramientas de gestión de riesgos

La gestión de los riesgos informáticos es un proceso crítico para cualquier organización que maneje información sensible y valiosa. La implementación de un plan de gestión de riesgos informáticos es esencial para garantizar la seguridad de los activos de información y la continuidad del negocio.

Una parte fundamental del proceso es el análisis de vulnerabilidades, que permite identificar y evaluar las vulnerabilidades de los sistemas y aplicaciones de la organización.

El análisis de vulnerabilidades es un proceso que implica la identificación de las vulnerabilidades de los sistemas y aplicaciones de la organización, la evaluación de su impacto potencial y la definición de medidas de mitigación adecuadas. Es esencial para garantizar la seguridad de los activos de información y la continuidad del negocio.

ⓘ INFORMACIÓN

Es importante en este punto, el uso de comando UNIX/Linux para optimizar la ejecución de herramientas de exploración y reconocimiento de vulnerabilidades. Acemás de comandos propios de los sistemas operativos Windows.

A continuación, se detallan algunos aspectos clave en el análisis de vulnerabilidades en la gestión de los riesgos informáticos:

▶ **Identificación de activos críticos de información:** para identificar los activos críticos de información, se pueden utilizar herramientas externas de inventario de activos, como Lansweeper o Spiceworks.

Estas herramientas permiten escanear la red y detectar los dispositivos conectados, así como recopilar información sobre los sistemas operativos, aplicaciones y servicios instalados.

Por ejemplo, el siguiente script básico de *PowerShell* para escanear la red y generar un informe en pantalla de los activos detectados. El código utiliza el <cmdlet Get-CimInstance> para obtener información sobre los sistemas en la red. Luego, se utiliza <Select-Object> para seleccionar las propiedades específicas que deseas incluir en el informe, como el nombre del equipo, el fabricante, el modelo, la memoria física total y el número de procesadores:

```
PS C:\Users\artruro> Get-CimInstance -ClassName Win32_ComputerSystem |
Select-Object Name, Manufacturer, Model, TotalPhysicalMemory, NumberO-
fProcessors
```

La salida de datos es:

```
Name                : Computer1
Manufacturer        : Dell
Model               : EliteBook 840 G3
TotalPhysicalMemory : 8418111488
NumberOfProcessors  : 4
```

▶ **Identificación de vulnerabilidades:** para identificar las vulnerabilidades de los sistemas y aplicaciones de la organización, se pueden utilizar herramientas de escaneo de vulnerabilidades, como Nmap o Nessus.

Nmap puede escanear puertos en un host para identificar servicios y posibles vulnerabilidades. Por ejemplo, el comando escaneará todos los puertos en el host y mostrará los servicios que se están obteniendo en cada puerto:.nmap -p- <host>

Aquí tienes algunos ejemplos prácticos de uso de Nmap con salidas de datos hipotéticos:

- Escaneo de puertos en un solo anfitrión: comando: salida:

  nmap -p 80,443 192.168.1.100

```
PORT     STATE   SERVICE
80/tcp   open    http
443/tcp  closed  https
```

- Escaneo de puertos en un rango de direcciones IP: comando: salida:

  nmap -p 1-100 192.168.1.0/24

```
PORT     STATE   SERVICE
22/tcp   open    ssh
80/tcp   open    http
443/tcp  closed  https
```

- Escaneo de puertos y detección de servicios: comando: salida:

  nmap -sV 192.168.1.100

```
PORT     STATE   SERVICE  VERSION
22/tcp   open    ssh      OpenSSH 7.6p1 Ubuntu 4ubuntu0.3
80/tcp   open    http     Apache httpd 2.4.29 ((Ubuntu))
443/tcp  closed  https
```

- Escaneo de puertos y detección de sistemas operativos: comando: salida:

  nmap -O 192.168.1.100

```
PORT     STATE   SERVICE
22/tcp   open    ssh
80/tcp   open    http
443/tcp  closed  https
OS details: Linux 4.15 - 5.4
```

- Análisis de vulnerabilidades CVE: comando: salida:

  nmap -sV --script vulners 192.168.1.120

```
PORT     STATE   SERVICE  VERSION
22/tcp   open    ssh      OpenSSH 7.6p1 Ubuntu 4ubuntu0.3
```

```
80/tcp  open    http      Apache httpd 2.4.29 ((Ubuntu))
443/tcp closed https
| vulners:
|   cpe:/a:apache:http_server:2.4.29:
|     CVE-2017-15715    7.5       https://vulners.com/cve/CVE-2017-15715
|     CVE-2019-0211     7.5       https://vulners.com/cve/CVE-2019-0211
|     CVE-2019-0217     7.5       https://vulners.com/cve/CVE-2019-0217
|     CVE-2019-10082    7.5       https://vulners.com/cve/CVE-2019-10082
|     CVE-2019-10097    7.5       https://vulners.com/cve/CVE-2019-10097
|     CVE-2019-17567    7.5       https://vulners.com/cve/CVE-2019-17567
|     CVE-2020-11984    7.5       https://vulners.com/cve/CVE-2020-11984
|     CVE-2020-11993    7.5       https://vulners.com/cve/CVE-2020-11993
|     CVE-2020-13950    7.5       https://vulners.com/cve/CVE-2020-13950
|     CVE-2020-35452    7.5       https://vulners.com/cve/CVE-2020-35452
|     CVE-2021-26691    7.5       https://vulners.com/cve/CVE-2021-26691
|     CVE-2021-30641    7.5       https://vulners.com/cve/CVE-2021-30641
|     CVE-2021-31618    7.5       https://vulners.com/cve/CVE-2021-31618
|     CVE-2021-33193    7.5       https://vulners.com/cve/CVE-2021-33193
|     CVE-2021-33623    7.5       https://vulners.com/cve/CVE-2021-33623
|     CVE-2021-33909    7.5       https://vulners.com/cve/CVE-2021-33909
|     CVE-2021-34616    7.5       https://vulners.com/cve/CVE-2021-34616
|     CVE-2021-41773    7.5       https://vulners.com/cve/CVE-2021-41773
|     CVE-2021-42013    7.5       https://vulners.com/cve/CVE-2021-42013
|     CVE-2021-45105    7.5       https://vulners.com/cve/CVE-2021-45105
|     CVE-2021-45146    7.5       https://vulners.com/cve/CVE-2021-45146
|     CVE-2021-45166    7.5       https://vulners.com/cve/CVE-2021-45166
|     CVE-2021-45167    7.5       https://vulners.com/cve/CVE-2021-45167
|     CVE-2021-45168    7.5       https://vulners.com/cve/CVE-2021-45168
|     CVE-2021-45173    7.5       https://vulners.com/cve/CVE-2021-45173
|     CVE-2021-45174    7.5       https://vulners.com/cve/CVE-2021-45174
|     CVE-2021-45175    7.5       https://vulners.com/cve/CVE-2021-45175
|     CVE-2021-45176    7.5       https://vulners.com/cve/CVE-2021-45176
|     CVE-2021-45179    7.5       https://vulners.com/cve/CVE-2021-45179
|     CVE-2021-45180    7.5       https://vulners.com/cve/CVE-2021-45180
|     CVE-2021-45181    7.5       https://vulners.com/cve/CVE-2021-45181
|     CVE-2021-45182    7.5       https://vulners.com/cve/CVE-2021-45182
|     CVE-2021-45183    7.5       https://vulners.com/cve/CVE-2021-45183
|     CVE-2021-45184    7.5       https://vulners.com/cve/CVE-2021-45184
|     CVE-2021-45185    7.5       https://vulners.com/cve/CVE-2021-45185
|     CVE-2021-45186    7.5       https://vulners.com/cve/CVE-2021-45186
|     CVE-2021-45187    7.5       https://vulners.com/cve/CVE-2021-45187
|     CVE-2021-45188    7.5       https://vulners.com/cve/CVE-2021-45188
|     CVE-2021-45189    7.5       https://vulners.com/cve/CVE-2021-45189
|     CVE-2021-45190    7.5       https://vulners.com/cve/CVE-2021-45190
|     CVE-2021-45191    7.5       https://vulners.com/cve/CVE-2021-45191
|     CVE-2021-45192    7.5       https://vulners.com/cve/CVE-2021-45192
|     CVE-2021-45193    7.5       https://vulners.com/cve/CVE-2021-45193
```

ⓘ INFORMACIÓN

Estos son solo ejemplos realizados en entornos controlados, y los resultados pueden variar dependiendo de la configuración de la red y los servicios en el host escaneado. Recuerda que es importante obtener permisos adecuados y cumplir con las políticas de seguridad antes de realizar escaneos de vulnerabilidades en sistemas que no sean de tu propiedad.

Nmap se centra más en la exploración y el estudio de redes, mientras que Nessus se centra más en la evaluación de vulnerabilidades y el cumplimiento. Nmap es una herramienta de código abierto, mientras que Nessus es una herramienta comercial que requiere una licencia. Ambas herramientas son fáciles de instalar y usar, y pueden complementarse en una evaluación de seguridad integral.

Se recomienda utilizar ambas herramientas para obtener una imagen completa de la postura de seguridad de una red.

ⓘ NOTA

Aunque Nmap es una herramienta más rápida y liviana que es adecuada para usuarios experimentados que desean escanear rápidamente grandes redes en busca de puertos y servicios abiertos. Nessus es una herramienta más completa que es más lenta pero brinda resultados más precisos y es adecuada para usuarios menos experimentados que desean una vulnerabilidad completa.

NESSUS es una herramienta más avanzada y profesional con licencia de uso, que cuenta con una versión de prueba denominada "*Essential*", que permite escanear los sistemas y aplicaciones en busca de vulnerabilidades conocidas y generar informes detallados.

Nessus se utiliza para realizar escaneos de vulnerabilidades en sistemas y redes, y puede identificar vulnerabilidades en sistemas operativos, aplicaciones y dispositivos de red. Utiliza una base de datos de vulnerabilidades conocidas para identificar vulnerabilidades en los sistemas escaneados y proporciona informes detallados sobre las vulnerabilidades encontradas.

También se puede utilizar para realizar escaneos de cumplimiento y para evaluar el cumplimiento de los sistemas con diferentes estándares de cumplimiento, como PCI DSS, HIPAA y CIS. Por ejemplo, escanear un servidor web y generar un informe de vulnerabilidades.

Para usarlo efectivamente, debes seguir los siguientes pasos:

▶ Descarga e instala Nessus Essential en tu sistema Windows 10 desde el sitio web oficial de Tenable.

▶ Inicia Nessus Professional y sigue los pasos para configurar y activar tu licencia.

▶ Una vez que hayas configurado Nessus Essential, abre un navegador web y accede a la interfaz web de Nessus ingresando la dirección *https:// localhost:8834/* . El proceso de descarga toma algunos minutos.

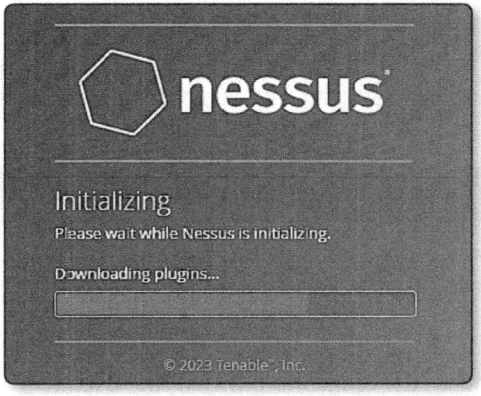

Figura 2.14. Pantalla de instalación del programa NESSUS

▶ Inicia sesión con las credenciales que configuraste durante la instalación.

Figura 2.15. Pantalla de inicio del programa NESSUS

- En la interfaz web de Nessus, crea una nueva política de escaneo seleccionando los parámetros y opciones adecuados según tus necesidades.

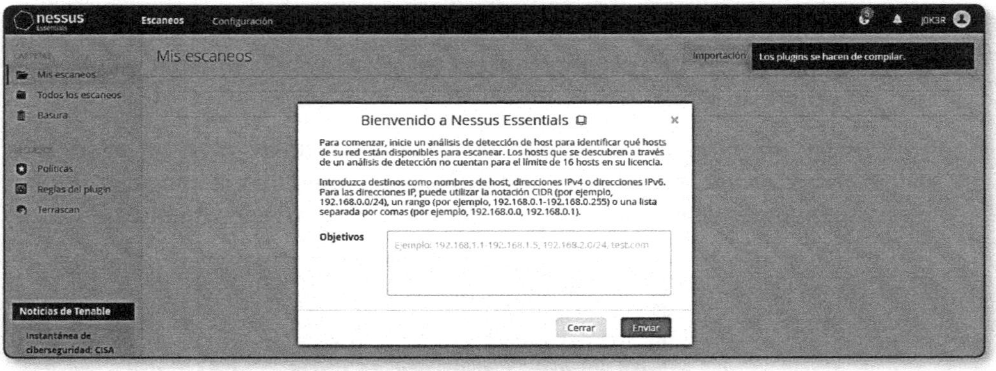

Figura 2.16. Interfaz web NESSUS

ⓘ NOTA

Tome en cuenta que después de descargar los *plugins*, deberá compilarlos, el proceso tardara pocos minutos, es indispensable que se complete este proceso, antes de iniciar un escaneo.

- Después de crear la política de escaneo, crea un nuevo escaneo y selecciona la política que acabas de crear.
- Especifica el objetivo del escaneo, que puede ser una dirección IP, un rango de direcciones IP o un nombre de host.

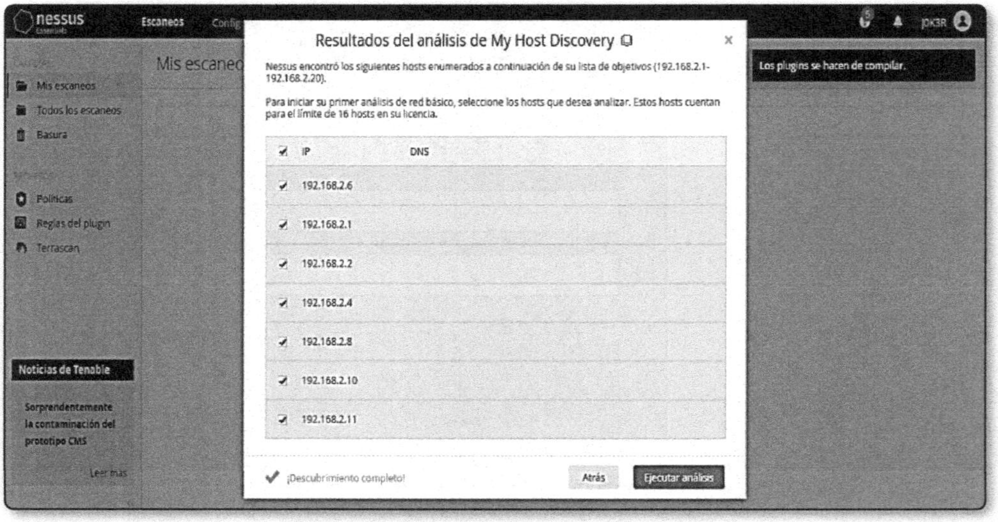

Figura 2.17. Opción de escaneo - NESSUS

▼ Inicia el escaneo y espera a que se complete.

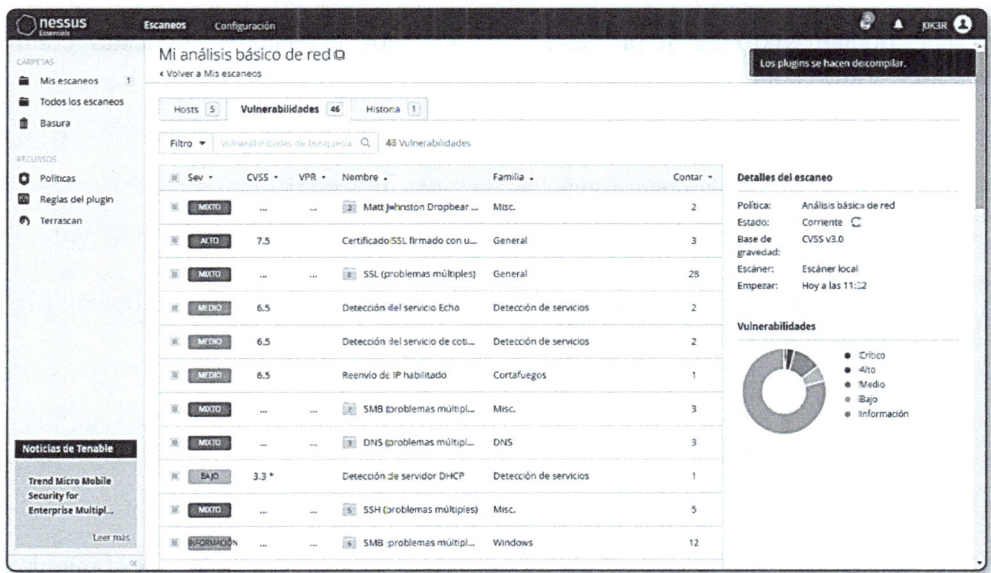

Figura 2.18. Resultado de análisis básico de red - NESSUS

▼ Una vez finalizado el escaneo, puedes ver los resultados en la interfaz web de Nessus y generar informes detallados.

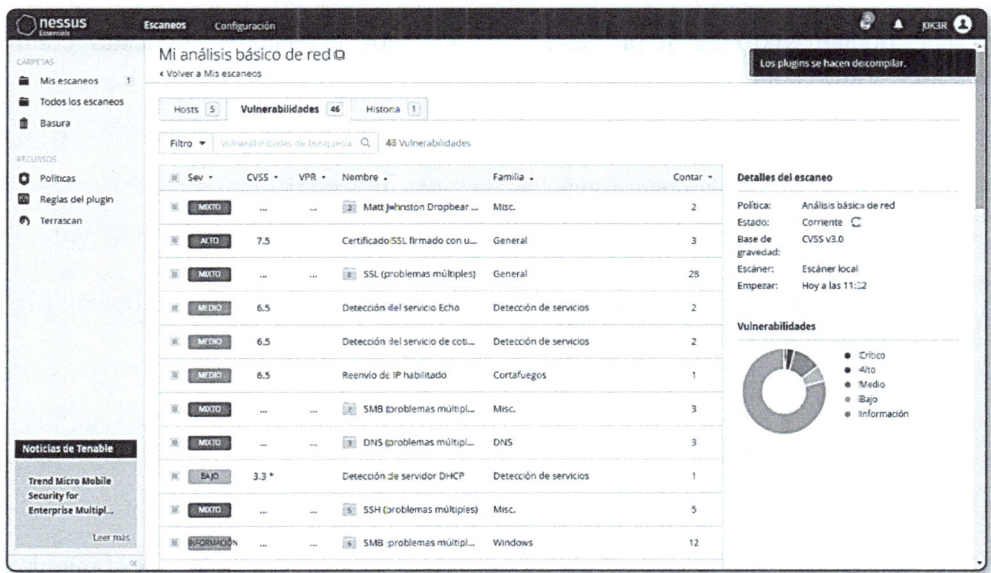

Figura 2.19. Informe de vulnerabilidades - NESSUS

(i) NOTA

Recuerda que debes ajustar los comandos según tus necesidades y la configuración específica de tu entorno NESSUS. Además, es posible que necesites proporcionar credenciales de autenticación y otros parámetros adicionales según la configuración de tu escaneo.

¿Cómo identificar vulnerabilidades web?

Para identificar vulnerabilidades web a través de un escáner. Por ejemplo, Nikto, también conocido como Nikto2, es un escáner web gratuito y de código abierto (GPL), escrito en el lenguaje Perl, incluido en el set de herramientas de Kali Linux, que realiza escaneos de vulnerabilidades en servidores web en busca de múltiples elementos, incluidos archivos y programas peligrosos, y busca versiones de software obsoletas. desde un servidor web.

También comprueba los errores de configuración del servidor y las posibles vulnerabilidades que puedan haber introducido. El proyecto *Nikto Vulnerability* Scanner es un proyecto acelerado que se actualiza con frecuencia con las últimas vulnerabilidades conocidas. Le permite escanear servidores web con confianza mientras busca posibles problemas.

Iniciar Nikto desde la línea de comandos (recuerde logueado como superusuario o root):

```
# nikto
```

Comando para conocer todas las opciones disponible:

```
# nikto -h
```

La forma más fácil de escanear un host usando Nikto es usar la opción [-h] junto con el comando nikto.

Sintaxis:

```
# nikto [-h URL.com]
```

Ejemplo:

Para ejecutar un análisis SSL del sitio web, ejecutar la secuencia de comando:

```
# Nikto -h example.com -p 443
```

Resultado:

```
# nikto -h example.com -p 443
- Nikto v2.1.6
---------------------------------------------------------------------
+ Target IP: 104.21.85.123
+ Target Hostname: example.com
+ Target Port: 443
---------------------------------------------------------------------
+ SSL Info: Subject: /C=US/ST=California/L=San Francisco/O=Cloudflare,
Inc./CN=sni.cloudflaressl.com
  Ciphers: TLS_AES_256_GCM_SHA384
  Issuer: /C=US/O=Cloudflare, Inc./CN=Cloudflare Inc ECC CA-3
+ Message: Multiple IP addresses found: 104.21.85.123, 172.67.205.181
+ Start Time: 2022-10-18 16:45:55 (GMT-4)
---------------------------------------------------------------------
+ Server: cloudflare
+ The X-XSS-Protection header is not defined. This header can hint to the user
agent to protect against some forms of XSS
+ Uncommon header 'alt-svc' fcund, with contents: h3=":443"; ma=86400, h3-
29=":443"; ma=86400
+ Uncommon header 'nel' found, with contents: {"success_fraction":0,"report_
to":"cf-nel","max_age":604800}
+ Uncommon header 'report-to' found, with contents: {"endpoints":[{"url":"https:
\/\/a.nel.cloudflare.com\/report\/v3?s=hJcpie37NIZ%2B8E%2Byt0vW5eKva1bFu1OV70KE7p
ENbHKQPQp6DO%2FYsNPa7Ly3tIEgXaQEKpUl1JH3rq2J2faHrdKNevuHH3r25tHwv1pq4%2F01QxFWPq
iHhqzE%2BQccoEbdFg%3D%3D"}],"group":"cf-nel","max_age":604800}
+ The site uses SSL and the Strict-Transport-Security HTTP header is not defined.
+ The site uses SSL and Expect-CT header is not present.
+ The X-Content-Type-Options header is not set. This could allow the user agent
to render the content of the site in a different fashion to the MIME type
+ All CGI directories 'found', use '-C none' to test none
+ Scan terminated: 20 error(s) and 7 item(s) reported on remote host
+ End Time: 2022-10-18 16:49:07 (GMT-4) (192 seconds)
---------------------------------------------------------------------
+ 1 host(s) tested
```

En el reporte se podrá observar datos sobre geolocalización, DNS, cabeceras HTTP, intentos de obtención de listas de archivo, todo los datos recopilados dependerán de la protección que ostente del servidor evaluado.

Formatos de salida *tunning*

1 -> Archivo interesante.

2 -> Configuración incorrecta.

3 -> Divulgación de información.

4 -> Inyección (XSS / Script / HTML).

5 -> Recuperación remota de archivos: *internal web root*.

6 -> Denegación de servicio.

7 -> Recuperación remota de archivos: todo el servidor.

8 -> Ejecución de comandos – Shell remoto.

9 -> Inyección SQL.

0 -> Carga de archivos.

a -> bypass de autenticación.

b -> Identificación del software.

c -> Inclusión de fuente remota.

x -> Opción de sintonización inversa.

Para evaluar la configuración de servidor, utilizaremos la variable [*Tuning*] con la opción [9] que analiza la existencia de una vulnerabilidad SQL *Injection*.

Sintaxis:

```
# nikto -h <Hostname/IP> -Tuning <Option>
```

Ejemplo:

```
# nikto -h 192.168.2.1 -Tuning 9
```

La salida de datos es:

```
# nikto -h 192.168.2.1 -Tuning 9
- Nikto v2.1.6
---------------------------------------------------------------------
+ Target IP: 192.168.2.1
+ Target Hostname: 192.168.2.1
+ Target Port: 80
+ Start Time: 2022-10-19 16:08:42 (GMT-4)
---------------------------------------------------------------------
```

```
+ Server: Router Webserver
+ The anti-clickjacking X-Frame-Options header is not present.
+ The X-XSS-Protection header is not defined. This header can hint to the user
agent to protect against some forms of XSS
+ The X-Content-Type-Options header is not set. This could allow the user agent
to render the content of the site in a different fashion to the MIME type
+ No CGI Directories found (use '-C all' to force check all possible dirs)
+ 661 requests: 2 error(s) and 3 item(s) reported on remote host
+ End Time: 2022-10-19 16:09:04 (GMT-4) (22 seconds)
--------------------------------------------------------------------
+ 1 host(s) tested
```

 **NOTA**

Para mayor información sobre código fuente de NIKTO, visitar su repositorio GitHub en el siguiente enlace: *http://github.com/sullo/nikto*.

La salida de datos proporcionada por Nikto después de escanear la dirección IP 192.168.2.1 con el comando nikto -h 192.168.2.1 -Tuning 9 revela varias observaciones importantes:

Servidor Web: el escaneo identificó que el servidor web en la dirección IP 192.168.2.1 es un *"Router Webserver"*.

Encabezados de seguridad:

▸ X-Frame-Options: no se encontró el encabezado *anti-clickjacking* X-Frame-Options, lo que podría dejar al sitio vulnerable a ataques de *clickjacking*.

▸ X-XSS-Protection: el encabezado X-XSS-Protection no está definido, lo que podría exponer al sitio a ciertos tipos de ataques de Cross-Site Scripting (XSS).

▸ X-Content-Type-Options: el encabezado X-Content-Type-Options no está configurado, lo que podría permitir al agente de usuario renderizar el contenido del sitio de manera diferente al tipo MIME.

▸ Directorios CGI: no se encontraron directorios CGI durante el escaneo. Se sugiere usar la opción -C all para forzar la verificación de todos los directorios posibles.

Estadísticas del escaneo:

▶ Se realizaron 661 solicitudes durante el escaneo.

▶ Se reportaron 2 errores y 3 elementos en el host remoto.

En resumen, el escaneo con Nikto en la dirección IP 192.168.2.1 reveló la presencia de un servidor web Router Webserver con algunas configuraciones de seguridad ausentes o no optimizadas, lo que podría representar posibles vulnerabilidades que podrían ser explotadas por atacantes. Se recomienda abordar las deficiencias identificadas para fortalecer la seguridad del servidor web.

¿Cómo usar Metasploit como un escáner de vulnerabilidades?

Otra herramienta para comprobar vulnerabilidades muy importante, es Metasploit Framework. Es un proyecto de código abierto para la seguridad informática que proporciona información sobre vulnerabilidades de seguridad.

Viene instalado por defecto en el sistema operativo para hacking ético Kali Linux. Por eso, te recomiendo instalarlo en una máquina virtual creada en tu software de virtualización de preferencia con sistema operativo Kali.

Sintaxis:

```
use [modulo]
```

Para identificar sistemas vulnerables al protocolo de escritorio remoto (RDP), Metasploit proporciona un módulo auxiliar llamado "/rdp_scanner". Este módulo permite a los usuarios buscar puntos finales utilizando RDP y recopilar información detallada sobre ellos. Es una herramienta valiosa para que los profesionales de la seguridad evalúen y protejan los sistemas contra posibles vulnerabilidades relacionadas con RDP.

Lo primero será validar que el protocolo RDP se encuentra activo, para ello, usaremos el siguiente script:

```
msf6 > use scanner/rdp/rdp_scanner
```

Se deberá usar el comando [run] para iniciar la comprobación.

Resultado:

```
msf6 auxiliary(scanner/rdp/rdp_scanner) > run
```

```
[*] 192.168.2.10:3389 - Detected RDP on 192.168.2.10:3389 (os_
version:N/A) (Requires NLA: No)
```

```
[*] 192.168.2.10:3389 - Scanned 1 of 1 hosts (100% complete)
[*] Auxiliary module execution completed
```

Una vez corroborado que el servicio se encuentra activo, ahora se procederá a evaluar si el equipo [192.168.2.10] es vulnerable a un ataque DoS vía RDP.

Ejemplo:

```
msf6 > use auxiliary/scanner/rdp/ms12_020_check
```

Resultado:

```
msf6 auxiliary(scanner/rdp/ms12_020_check) > set RHOST 192.168.2.10
RHOST => 192.168.2.10
msf6 auxiliary(scanner/rdp/ms12_020_check) > check
[+] 192.168.2.10:3389 - The target is vulnerable.

El resultado indica que el objetivo en la dirección IP 192.168.2.10 en el puer-
to 3389 (que es el puerto estándar para RDP) es vulnerable a la vulnerabilidad
MS12-020. Esta información es crucial para tomar medidas de seguridad y mitigar
la vulnerabilidad en el sistema afectado.
```

2.2 EVALUACIÓN Y RESPUESTA

Después de identificar las amenazas, es crucial seguir una serie de pasos para gestionar adecuadamente la seguridad y protegerse contra posibles ataques. Algunas acciones recomendadas incluyen:

▶ **Evaluación de impacto potencial:** para evaluar el impacto potencial de las vulnerabilidades identificadas, se pueden utilizar herramientas de evaluación de riesgos, como el análisis de amenazas y vulnerabilidades (TVA) o el análisis de impacto en el negocio (BIA). Estas permiten evaluar el impacto potencial de las vulnerabilidades en la confidencialidad, integridad y disponibilidad de los activos de información.

Por ejemplo, el siguiente script de PowerShell utiliza la herramienta TVA para evaluar el impacto potencial de una vulnerabilidad en un servidor web de correo:

```
# Importar el módulo de TVA
Import-Module TVA

# Evaluar el impacto potencial de la vulnerabilidad
Get-TvaVulnerability -Name "CVE-2021-1234" | Get-TvaImpact -Asset
"Servidor de correo" | Export-Csv -Path "C:\informe_impacto.csv"
```

▸ **Definición de medidas de mitigación:** para definir medidas de mitigación detectando parches de seguridad para mitigar la vulnerabilidad MS17-010 utilizando PowerShell, se debe verificar si el parche MS17-010 está instalado en el host objetivo. Por ejemplo:

```
PS C:\Users\artruro> Get-HotFix -Id KB4012212
```

Este comando verifica si el parche MS17-010 está instalado en el host objetivo. Si el parche está instalado, se mostrará información sobre el parche. Si el parche no está instalado, no se mostrará información.

```
Get-HotFix : No se puede encontrar la revisión solicitada en el equipo
'localhost'.
```

Descargar e instalar el parche MS17-010 en el host objetivo si no está instalado. Puedes descargar el parche desde el sitio web oficial de Microsoft.

Verificar que el parche MS17-010 se haya instalado correctamente utilizando el comando "Get-HotFix" nuevamente.

```
PS C:\Users\arturo> Get-HotFix
Source          Description         HotFixID        InstalledBy         Ins-
talledOn
------          -----------         --------        -----------         ----
-------
Computer1       Update              KB4012212                           09-
10-2020 12:00:00 a.m.
```

La salida proporcionada por el comando Get-HotFix en PowerShell muestra información sobre una actualización instalada en un equipo. Aquí está la interpretación de la salida:

- **Source:** indica el nombre del equipo donde se instaló la actualización, en este caso, "Computer1".

- **Description:** describe la actualización instalada, en este caso, se trata de una actualización genérica sin una descripción detallada.

- **HotFixID:** es el identificador único de la actualización, en este caso, "KB4012212".

- **InstalledBy:** muestra quién instaló la actualización, pero en este caso no se especifica ningún usuario.

- **InstalledOn:** indica la fecha y hora en que se instaló la actualización, que es "09-10-2020 12:00:00 a.m" (9 de octubre de 2020 a las 12:00:00 a.m).

▼ **Implementación de medidas de mitigación:** para implementar las medidas de mitigación definidas, se pueden utilizar herramientas de gestión de configuración, como Ansible o Puppet.

Estas herramientas permiten automatizar la implementación de configuraciones de seguridad y controles de acceso en los sistemas y aplicaciones de la organización. Por ejemplo, el siguiente script de Ansible utiliza la herramienta WinRM para implementar una configuración de seguridad en un servidor Windows.

La salida de datos proporciona una muestra de la configuración de WinRM (Windows Remote Management) y la implementación de políticas de seguridad en un entorno Windows.

```
# Configurar la conexión WinRM
- name: Configurar WinRM
    winrm_config:
    listener_type: http
    max_shell_memory_kb: 1024
    max_timeout_ms: 1800000
# Implementar la configuración de seguridad
- name: Implementar configuración de seguridad
  win_security_policy:
    options:
      - name: PasswordComplexity
        value: 1
      - name: MinimumPasswordLength
        value: 8
      - name: LockoutBadCount
        value: 5
```

Aquí está la interpretación de la salida:

Configuración de WinRM:

▼ Listener Type: se configura el tipo de escucha como HTTP para permitir la comunicación remota.

▼ Max Shell Memory KB: se establece el límite de memoria para las sesiones de shell en 1024 KB.

▼ Max Timeout MS: se define el tiempo máximo de espera en milisegundos en 1800000 (30 minutos).

Implementación de configuración de seguridad:

▸ PasswordComplexity: se establece la complejidad de la contraseña en 1, lo que probablemente significa que se requiere una contraseña compleja.

▸ MinimumPasswordLength: se fija la longitud mínima de la contraseña en 8 caracteres.

▸ LockoutBadCount: se configura el número de intentos fallidos antes de bloquear la cuenta en 5.

Algunas medidas preventivas aplicables en la configuración del servidor web analizado, en páginas anteriores, con Nikto al "Router Webserver":

▸ Agregar el encabezado X-Frame-Options con el valor "DENY" para evitar la inclusión del contenido en marcos.

▸ Agregar el encabezado X-XSS-Protection con el valor "1; mode=block" para activar la protección contra ataques XSS.

▸ Agregar el encabezado X-Content-Type-Options con el valor "nosniff" para prevenir el mime-type sniffing y forzar la interpretación del contenido según el tipo MIME.

Al seguir estos pasos y configurar adecuadamente los encabezados de seguridad en un "Router Webserver", se fortalecerá la protección contra ataques de clickjacking, Cross-Site Scripting (XSS) y se controlará la interpretación del contenido del sitio, mejorando la seguridad del servidor web de manera práctica y efectiva.

> ### ⓘ NOTA
>
> La utilización de herramientas y scripts adecuados puede facilitar y automatizar este proceso, permitiendo una gestión más eficiente y efectiva de los riesgos informáticos.

3

ASPECTOS LEGALES, REGULATORIOS Y ÉTICOS RELACIONADOS CON LA PROTECCIÓN DE DATOS

La regulación en ciberseguridad en España se ha vuelto cada vez más relevante debido al crecimiento exponencial de las amenazas cibernéticas. En este país, existen diversas legislaciones que buscan proteger la información, los sistemas y la infraestructura digital. A continuación, se detallan algunas de las leyes y normativas más importantes en el ámbito de la ciberseguridad en España:

▶ **Ley orgánica de protección de datos personales y garantía de los derechos digitales (LOPDGDD).**

La LOPDGDD es una normativa fundamental que regula el tratamiento de los datos personales y garantiza los derechos digitales de los ciudadanos. Esta ley establece las obligaciones que deben cumplir las empresas y organizaciones respecto a la protección de la información personal y digital. A continuación los artículos específicos:

- **Artículo 32** (Bloqueo de los datos): se centra en la seguridad del tratamiento de datos personales, estableciendo la obligación de implementar medidas técnicas y organizativas adecuadas para garantizar un nivel de seguridad apropiado.

- **Artículo 33** (Encargado del tratamiento): aborda la notificación de brechas de seguridad a la Agencia Española de Protección de Datos (AEPD) en caso de violaciones de seguridad que afecten a datos personales.

Descargar LOPDGDD: *https://www.boe.es/buscar/pdf/2018/BOE-A-2018-16673-consolidado.pdf*

▼ **Estrategia Nacional de Ciberseguridad**

La Estrategia Nacional de Ciberseguridad es un documento que establece las líneas maestras para garantizar la seguridad en el ciberespacio. Esta estrategia busca fortalecer la resiliencia del país frente a posibles ciberataques y promover la colaboración entre los sectores público y privado en materia de ciberseguridad.

Este documento se centra en diversos aspectos de la ciberseguridad, y su importancia. Aquí hay algunos puntos claves:

- La Estrategia Nacional de Ciberseguridad tiene como objetivo promover la formación de profesionales, impulsar el desarrollo industrial y fortalecer la investigación y la innovación en ciberseguridad.

- Destaca la necesidad de identificar tempranamente las prioridades y demandas de las autoridades públicas en ciberseguridad, ampliar los programas de captación de talento y potenciar el desarrollo industrial en productos y servicios de ciberseguridad.

- La estrategia destaca la importancia de la cooperación con la Unión Europea y otros organismos internacionales en materia de ciberseguridad.

- Subraya la importancia de fomentar una cultura de la ciberseguridad, apoyar a la industria española de la ciberseguridad, promover la investigación y la innovación y mejorar las capacidades tecnológicas para abordar los retos de la ciberseguridad.

- La estrategia se basa en principios como unidad de acción, anticipación, eficiencia y resiliencia, con el objetivo de responder eficazmente a incidentes en el ámbito de la ciberseguridad.

- Hay un enfoque en la adaptación continua a las amenazas en evolución a través de líneas de acción dinámicas y modelos de gobernanza que involucran la participación activa del sector privado y la sociedad civil.

- La estrategia incluye medidas para contribuir a la ciberseguridad internacional mediante la promoción de un ciberespacio abierto, plural, seguro y confiable, al tiempo que apoya los intereses nacionales.

Descargar: *https://www.dsn.gob.es/es/documento/estrategia-nacional-ciberseguridad-2019*

▶ Real Decreto Ley 12/2018, de 7 de septiembre, sobre seguridad de las redes y sistemas de información.

El Real Decreto Ley tiene como objetivo establecer medidas para garantizar un nivel adecuado de seguridad en las redes y sistemas de información. Se centra en la protección de infraestructuras críticas y en la prevención de incidentes cibernéticos que puedan afectar a la seguridad nacional. Algunos de estos artículos incluyen:

- **Artículo 18:** establece la protección de las instalaciones, donde los sistemas de información y su infraestructura de comunicaciones asociada deben permanecer en áreas controladas.

- **Artículo 31:** prevé auditorías de seguridad para sistemas de categoría MEDIA o ALTA, así como autoevaluaciones para sistemas de categoría BÁSICA.

Descargar: *https://www.boe.es/buscar/doc.php?id=BOE-A-2022-7191*

Estas son solo algunas de las legislaciones clave en materia de ciberseguridad en España. La constante evolución del entorno digital hace que estas normativas sean fundamentales para proteger los activos digitales y garantizar la seguridad en el ciberespacio español.

3.1 IDENTIFICACIÓN DE DATOS PERSONALES

La protección de datos de carácter personal es un tema fundamental en el ámbito de la seguridad de equipos informáticos. A continuación, desarrollaré de manera amplia y técnica los conceptos teóricos y prácticos relacionados con la protección de datos de carácter personal, dirigido a estudiantes de ciberseguridad.

La protección de datos de carácter personal se refiere a las medidas y prácticas utilizadas para salvaguardar la información sensible y privada de las personas contra el acceso no autorizado, la corrupción o la pérdida. Es esencial garantizar la confidencialidad, integridad y disponibilidad de estos datos, especialmente en un entorno digital donde la información puede ser fácilmente comprometida.

Marco legal y regulaciones

Existen diversas regulaciones y leyes que establecen los principios y requisitos para la protección de datos de carácter personal. Algunas de las más relevantes son:

▶ **Reglamento general de protección de datos (GDPR):** esta regulación de la Unión Europea establece normas para la protección de datos personales de los ciudadanos de la UE. Introduce principios como el consentimiento informado, el derecho al olvido y la responsabilidad de las organizaciones en el tratamiento de datos.

▶ **Ley orgánica de protección de datos (LOPD):** en España, la LOPD establece los derechos de las personas sobre sus datos personales y las obligaciones de las organizaciones para protegerlos. También establece la figura del Delegado de Protección de Datos (DPD) como responsable de garantizar el cumplimiento de la normativa

▶ **HIPAA:** esta ley en Estados Unidos establece estándares para la protección de datos de salud y privacidad de los pacientes. Es especialmente relevante en el ámbito de la salud y la atención médica.

La identificación de datos personales es un proceso fundamental en la gestión de la seguridad de la información. Los datos personales son cualquier información que se refiere a una persona física identificada o identificable. La identificación de datos personales es importante porque permite a las organizaciones identificar los datos que deben proteger y garantizar la privacidad de los individuos.

Ejemplos de datos personales incluyen:

▶ Información de identificación, como nombre, apellido, número de identificación, número de pasaporte, número de licencia de conducir, etc.

▶ Información de contacto, como dirección, número de teléfono, dirección de correo electrónico, etc.

▶ Información financiera, como número de cuenta bancaria, número de tarjeta de crédito, etc.

▶ Información de salud, como historial médico, información sobre medicamentos, etc.

▶ Información de ubicación, como dirección de GPS, dirección IP, etc.

▶ Información de comportamiento, como historial de compras, historial de navegación en línea, etc.

Es importante tener en cuenta que ciertos datos personales pueden considerarse sensibles, al referirse a la esfera más íntima de la vida privada de las personas, cuya utilización indebida puede generar discriminación para su titular, o bien, si se trata de datos personales de niñas, niños y adolescentes. Por ejemplo, los datos personales que puedan revelar aspectos como origen racial o étnico, estado de salud, información genética, creencias religiosas, filosóficas y morales, opiniones políticas y preferencia sexual son considerados datos sensibles.

Ejemplos de identificación de datos personales:

- Una empresa de comercio electrónico identifica los datos personales de sus clientes, que incluyen información de identificación, información de contacto, información financiera y datos de comportamiento de compra.

- Un hospital identifica los datos personales de sus pacientes, que incluyen información de identificación, información de contacto, información de salud y datos de comportamiento de tratamiento.

- Una empresa de marketing identifica los datos personales de los consumidores, que incluyen información de identificación, información de contacto y datos de comportamiento de compra.

Principios de protección de datos de carácter personal

Para garantizar una adecuada protección de los datos de carácter personal, es importante seguir una serie de principios fundamentales:

- **Consentimiento informado:** las organizaciones deben obtener el consentimiento explícito y voluntario de las personas para recopilar, procesar y almacenar sus datos personales.

- **Minimización de datos:** solo se deben recopilar los datos necesarios para el propósito específico y legítimo para el cual se solicitan.

- **Integridad y confidencialidad:** los datos deben ser tratados de manera segura y protegidos contra el acceso no autorizado, la alteración o la divulgación.

- **Exactitud y actualización:** los datos deben ser precisos y actualizados, y se deben tomar medidas para corregir cualquier inexactitud o desactualización.

- **Limitación de almacenamiento:** los datos deben ser almacenados durante el tiempo necesario para cumplir con el propósito para el cual fueron recopilados, y luego deben ser eliminados de manera segura.

Mejores prácticas para evitar que tu información personal sea recopilada por servicios en línea:

- **Revisa y ajusta la configuración de privacidad:** es importante revisar y ajustar la configuración de privacidad en tus cuentas en línea. Esto incluye las redes sociales, servicios de correo electrónico y cualquier otra plataforma en la que compartas información personal. Asegúrate de limitar la visibilidad de tu información solo a las personas que deseas que la vean.

- **Minimiza la información personal compartida:** evita compartir información personal innecesaria en línea. Cuanta menos información personal compartas, menos posibilidades hay de que sea recopilada por servicios en línea. Piensa dos veces antes de proporcionar detalles como tu dirección, número de teléfono o información financiera.

- **Utiliza alias o nombres de usuario:** considera utilizar alias o nombres de usuario en lugar de tu nombre real en ciertos servicios en línea. Esto puede ayudar a proteger tu identidad y dificultar la recopilación de información personal.

- **Lee las políticas de privacidad:** antes de utilizar un servicio en línea, lee detenidamente sus políticas de privacidad. Asegúrate de comprender cómo se recopila, utiliza y comparte tu información personal. Si no estás de acuerdo con las políticas de privacidad de un servicio, considera buscar alternativas más respetuosas con la privacidad.

- **Utiliza herramientas de bloqueo de rastreo:** existen herramientas y extensiones de navegador que pueden ayudarte a bloquear el rastreo en línea y evitar que tus actividades sean seguidas y tu información personal sea recopilada. Estas herramientas pueden bloquear cookies de seguimiento y otros métodos de recopilación de datos.

- **Sé cauteloso al proporcionar información en formularios en línea:** antes de proporcionar información personal en formularios en línea, asegúrate de que el sitio web sea seguro y confiable. Verifica que la URL comience con "https://" y busca sellos de seguridad o certificados en el sitio web.

Utiliza servicios de correo electrónico y mensajería seguros: utiliza servicios de correo electrónico y mensajería que ofrezcan cifrado de extremo a extremo para proteger tus comunicaciones. Esto ayuda a evitar que terceros accedan a tus mensajes y recopilen información personal.

Existen varias aplicaciones y herramientas que pueden ayudar a las personas a conocer si su información personal está publicada en Internet. A continuación, se presentan algunas recomendaciones y ejemplos de aplicaciones para saber qué tan expuesto está su información personal en línea:

▼ **Have I Been Pwned**: esta es una herramienta gratuita que permite a los usuarios verificar si su dirección de correo electrónico ha sido comprometida en alguna violación de datos. La herramienta también proporciona información sobre qué datos personales se han visto comprometidos.

▼ **Google Alerts**: esta herramienta gratuita permite a los usuarios crear alertas personalizadas para recibir notificaciones cuando se publique información en línea relacionada con su nombre o dirección de correo electrónico.

▼ **Social Catfish**: esta es una herramienta de pago que permite a los usuarios buscar en línea para encontrar perfiles de redes sociales asociados con su nombre o dirección de correo electrónico. La herramienta también proporciona información sobre cualquier actividad sospechosa en línea asociada con su información personal.

▼ **DeleteMe**: esta es una herramienta de pago que ayuda a los usuarios a eliminar su información personal de sitios web de terceros y motores de búsqueda. La herramienta también proporciona informes detallados sobre la información personal que se ha eliminado.

▼ **MyPermissions**: esta es una herramienta gratuita que permite a los usuarios verificar qué aplicaciones tienen acceso a su información personal en las redes sociales y otros servicios en línea. La herramienta también permite a los usuarios revocar el acceso de las aplicaciones no deseadas.

3.2 PROCEDIMIENTO DE ACTUACIÓN EN EL MANEJO DE DATOS PERSONALES SENSIBLES

El manejo de datos personales sensibles requiere de un procedimiento de actuación adecuado para garantizar su protección y cumplir con las regulaciones de privacidad. A continuación, se desarrollará de manera amplia y técnica el procedimiento de actuación en el manejo de datos personales sensibles, dirigido a estudiantes de ciberseguridad.

Definición de datos personales sensibles

Los datos personales sensibles son aquellos que revelan información íntima o confidencial sobre una persona, como su origen racial o étnico, opiniones políticas, creencias religiosas, afiliación sindical, salud o vida sexual.

Estos datos requieren una protección especial debido a su naturaleza y el riesgo potencial de discriminación o daño que pueden causar si se divulgan o utilizan de manera inapropiada.

Medidas de seguridad para la protección de datos personales sensibles

Para garantizar la protección de los datos personales sensibles, se deben implementar una serie de medidas de seguridad. Algunas de las acciones recomendadas son:

- **Identificación y clasificación de los datos sensibles:** es fundamental identificar y clasificar los datos personales sensibles que se manejan en una organización. Esto permite tener un conocimiento claro de la información que requiere una protección especial.

- **Políticas y procedimientos internos:** establecer políticas y procedimientos claros y actualizados para el manejo de datos personales sensibles. Estas políticas deben incluir la forma en que se recopilan, almacenan, procesan y eliminan estos datos, así como las medidas de seguridad que se deben implementar.

- **Acceso restringido:** limitar el acceso a los datos personales sensibles solo a aquellos empleados o personas autorizadas que necesiten tener acceso a ellos para realizar sus funciones. Esto se puede lograr a través de la implementación de controles de acceso, como contraseñas seguras, autenticación de dos factores y control de privilegios.

- **Cifrado de datos:** utilizar técnicas de cifrado para proteger los datos personales sensibles tanto en reposo como en tránsito. El cifrado garantiza que los datos sean ilegibles para cualquier persona que no tenga la clave de descifrado correspondiente.

- **Monitoreo y detección de intrusiones:** implementar sistemas de monitoreo y detección de intrusiones para identificar y responder rápidamente a cualquier intento de acceso no autorizado o actividad sospechosa relacionada con los datos personales sensibles.

▼ **Respaldo y recuperación de datos:** realizar copias de seguridad periódicas de los datos personales sensibles y tener un plan de recuperación de desastres en caso de pérdida o corrupción de los datos.

▼ **Capacitación y concientización:** brindar capacitación regular a los empleados sobre las políticas y procedimientos de manejo de datos personales sensibles, así como sobre las mejores prácticas de seguridad. Esto ayuda a crear una cultura de seguridad y conciencia en toda la organización.

▼ **Gestión de incidentes:** establecer un plan de gestión de incidentes para responder rápidamente a cualquier violación de seguridad o incidente relacionado con los datos personales.

▼ **Auditorías y revisiones regulares:** realizar auditorías y revisiones regulares de los sistemas informáticos y las políticas de seguridad para garantizar que se estén implementando de manera efectiva y que se estén cumpliendo los estándares de seguridad.

ⓘ NOTA

Es importante destacar que el manejo de datos personales sensibles debe cumplir con las regulaciones y leyes de protección de datos vigentes en cada país. Algunas de las regulaciones más relevantes son el Reglamento General de Protección de Datos (GDPR) en la Unión Europea y la Ley Orgánica de Protección de Datos (LOPD) en España.

Ejemplos prácticos de implementación de las medidas preventivas de parte de la organización responsable de la protección de datos personales sensibles:

▼ Identificar y clasificar los datos personales sensibles que maneja mediante la realización de una auditoría de datos. Esta auditoría puede incluir la revisión de los sistemas de información, bases de datos y documentos para identificar los datos sensibles. Una vez identificados, se pueden clasificar según su nivel de sensibilidad y establecer medidas de seguridad adecuadas para cada tipo de dato.

▼ Establecer políticas y procedimientos claros y actualizados para el manejo de datos personales sensibles. Estas políticas deben incluir la forma en que se recopilan, almacenan, procesan y eliminan estos datos, así como las medidas de seguridad que se deben implementar. Por ejemplo, una política de contraseñas seguras puede requerir que los empleados utilicen contraseñas complejas y las cambien regularmente.

▼ Limitar el acceso a los datos personales sensibles solo a aquellos empleados o personas autorizadas que necesiten tener acceso a ellos para realizar sus funciones. Esto se puede lograr a través de la implementación de controles de acceso, como contraseñas seguras, autenticación de dos factores y control de privilegios. Por ejemplo, una organización puede establecer que solo los empleados de recursos humanos tengan acceso a los datos personales sensibles de los empleados.

▼ Utilizar técnicas de cifrado para proteger los datos personales sensibles tanto en reposo como en tránsito. Por ejemplo, una organización puede cifrar los datos sensibles almacenados en una base de datos y también cifrar los datos que se transmiten a través de una red.

▼ Implementar sistemas de monitoreo y detección de intrusiones para identificar y responder rápidamente a cualquier intento de acceso no autorizado o actividad sospechosa relacionada con los datos personales sensibles. Por ejemplo, una organización puede utilizar un sistema de detección de intrusiones para monitorear el tráfico de red y detectar cualquier actividad sospechosa.

▼ Realizar copias de seguridad periódicas de los datos personales sensibles y tener un plan de recuperación de desastres en caso de pérdida o corrupción de los datos. Por ejemplo, una organización puede realizar copias de seguridad diarias de los datos sensibles y almacenarlas en un lugar seguro fuera del sitio.

▼ Brindar capacitación regular a los empleados sobre las políticas y procedimientos de manejo de datos personales sensibles, así como sobre las mejores prácticas de seguridad. Esto ayuda a crear una cultura de seguridad y conciencia en toda la organización. Por ejemplo, una organización puede brindar capacitación anual sobre la protección de datos personales sensibles y realizar simulaciones de ataques para que los empleados estén preparados para responder a posibles amenazas.

A continuación, se presentan algunos casos emblemáticos en España y el mundo de filtraciones de datos personales sensibles y cómo fueron resueltos:

▼ **Cambridge Analytica:** en 2018, se reveló que la consultora política Cambridge Analytica había obtenido datos personales de millones de usuarios de Facebook sin su consentimiento para utilizarlos en campañas políticas. Esto llevó a una investigación por parte de las autoridades de protección de datos en varios países, incluyendo España. En 2019,

Facebook fue multado con 5.000 millones de dólares por la Comisión Federal de Comercio de Estados Unidos por violaciones a la privacidad.

▶ **Filtración de datos de Uber:** en 2016, se reveló que la empresa de transporte Uber había sufrido una filtración de datos que afectó a 57 millones de usuarios y conductores en todo el mundo. La compañía pagó un rescate a los hackers para evitar la divulgación de los datos. En 2018, Uber fue multado con 600.000 euros por la Agencia Española de Protección de Datos por no haber informado adecuadamente sobre la filtración.

▶ **Filtración de datos de Equifax:** en 2017, la agencia de informes crediticios Equifax sufrió una filtración de datos que afectó a más de 143 millones de personas en todo el mundo. La filtración incluyó información personal como nombres, fechas de nacimiento, números de seguridad social y direcciones. En 2019, Equifax llegó a un acuerdo con la Comisión Federal de Comercio de Estados Unidos para pagar una multa de 700 millones de dólares por violaciones a la privacidad.

▶ **Filtración de datos de la agencia tributaria española:** en 2017, se reveló que la Agencia Tributaria española había sufrido una filtración de datos que afectó a más de 4 millones de contribuyentes. La filtración incluyó información personal como nombres, direcciones y números de identificación fiscal. La Agencia Tributaria fue multada con 1,2 millones de euros por la Agencia Española de Protección de Datos por no haber tomado medidas adecuadas para proteger los datos.

> ⓘ **NOTA**
>
> En todos estos casos, las autoridades de protección de datos tomaron medidas para investigar y sancionar a las empresas responsables de las filtraciones. Es fundamental que las organizaciones tomen medidas adecuadas para proteger los datos personales sensibles y cumplan con las regulaciones y leyes de protección de datos aplicables en cada país.

Existen diversas herramientas prácticas en Internet y comandos de Windows o Linux que se pueden utilizar para implementar medidas de seguridad para la protección de datos personales sensibles. A continuación, se presentan algunas opciones:

▼ **IBM Data Security:** IBM ofrece soluciones de seguridad de datos que incluyen cifrado de datos, control de acceso y monitoreo de actividad para proteger los datos sensibles en toda su vida útil.

▼ **Microsoft Privacy Dashboard:** Microsoft ofrece un panel de privacidad que permite a los usuarios acceder y controlar sus datos personales, así como ejercer sus derechos en materia de protección de datos.

▼ **Herramientas de seguridad de datos de PowerData:** PowerData ofrece soluciones de seguridad de datos que incluyen análisis de vulnerabilidades, productos de seguridad de datos y controles de privacidad para prevenir el acceso no autorizado y la divulgación de información sensible.

Aquí tienes una lista de comandos de Windows y Linux que se pueden utilizar para proteger los datos personales sensibles en un sistema informático:

Comandos de Windows:

▼ **cipher:** este comando permite cifrar y descifrar archivos y carpetas en Windows. Puedes utilizarlo para cifrar archivos que contengan datos personales sensibles y así proteger su confidencialidad.

Ejemplo:

> cipher /e /s:C:\carpeta (cifra todos los archivos y subcarpetas dentro de la carpeta especificada en el comando).

▼ **icacls:** permite administrar los permisos de archivos y carpetas en Windows. Puedes utilizarlo para establecer permisos de acceso restringido a los archivos que contengan datos personales sensibles.

Ejemplo:

> icacls C:\archivo.txt /deny Usuario:W (deniega el permiso de escritura al usuario especificado para el archivo).

▼ **netsh advfirewall:** permite configurar el firewall de Windows. Puedes utilizarlo para bloquear puertos y conexiones no deseadas, lo que ayuda a proteger los datos personales sensibles de posibles ataques.

Ejemplo:

> netsh advfirewall set allprofiles state on (activa el firewall en todos los perfiles de red).

▶ **sfc /scannow:** verifica y repara archivos del sistema en Windows. Puedes utilizarlo para asegurarte de que los archivos del sistema estén intactos y no se hayan modificado de manera maliciosa.

Ejemplo:

> sfc /scannow (escanea y repara los archivos del sistema en busca de errores).

Comandos de Linux:

▶ **chmod:** permite cambiar los permisos de archivos y directorios en Linux. Puedes utilizarlo para establecer permisos de acceso restringido a los archivos que contengan datos personales sensibles.

Ejemplo:

chmod 700 archivo.txt (establece permisos de lectura, escritura y ejecución solo para el propietario del archivo).

▶ **iptables:** configura el firewall en Linux. Puedes utilizarlo para bloquear puertos y conexiones no deseadas, lo que ayuda a proteger los datos personales sensibles de posibles ataques.

Ejemplo:

iptables -A INPUT -p tcp --dport 80 -j DROP (bloquea todas las conexiones entrantes al puerto 80).

▶ **gpg:** el comando se usa para cifrar y descifrar archivos en Linux utilizando el sistema de criptografía de clave pública. Puedes utilizarlo para cifrar archivos que contengan datos personales sensibles y así proteger su confidencialidad.

Ejemplo:

gpg --encrypt archivo.txt (cifra el archivo utilizando el sistema de criptografía de clave pública).

▶ **rsync:** permite realizar copias de seguridad y sincronización de archivos en Linux. Puedes utilizarlo para realizar copias de seguridad periódicas de los datos personales sensibles y así asegurarte de que estén protegidos en caso de pérdida o corrupción.

Ejemplo:

rsync -avz origen/ destino/ (realiza una copia de seguridad y sincronización de archivos entre el origen y el destino).

¿Por qué es importante contar con conocimientos sobre estos comandos a nivel personal y técnico?

▶ **A nivel personal:** conocer y utilizar estos comandos te permite proteger tus propios datos personales sensibles, como información financiera, contraseñas y documentos personales. Esto te ayuda a mantener tu privacidad y evitar posibles riesgos de robo de identidad o violación de la privacidad.

▶ **A nivel técnico:** como estudiante y profesional de la ciberseguridad, contar con conocimientos sobre estos comandos te permite implementar medidas de seguridad efectivas para proteger   los datos personales sensibles en sistemas informáticos. Esto es fundamental para garantizar la confidencialidad, integridad y disponibilidad de los datos, así como para cumplir con las regulaciones y leyes de protección de datos aplicables.

Contar con conocimientos sobre los comandos de Windows y Linux para proteger datos personales sensibles es esencial tanto a nivel personal como técnico. Esto te permite proteger tus propios datos y contribuir a la seguridad de los sistemas informáticos en los que trabajas.

3.3 TRANSFERENCIA INTERNACIONAL DE DATOS

La transferencia internacional de datos se refiere a la transferencia de datos personales desde un país a otro. Esta práctica puede presentar riesgos para la privacidad y la seguridad de los datos personales, especialmente si se transfieren a países que no tienen leyes de protección de datos adecuadas. A continuación, se desarrollará de manera amplia y técnica la transferencia internacional de datos, dirigido a estudiantes de ciberseguridad.

La transferencia internacional de datos se refiere a la transferencia de datos personales desde un país a otro. Esta práctica puede presentar riesgos para la privacidad y la seguridad de los datos personales, especialmente si se transfieren a países que no tienen leyes de protección de datos adecuadas. Es importante que las organizaciones adopten medidas adecuadas para garantizar la protección de los datos personales en la transferencia internacional de datos. A continuación, se desarrollará de manera amplia y técnica la transferencia internacional de datos, dirigido a estudiantes de ciberseguridad.

En la actualidad, la transferencia internacional de datos es una práctica común en el mundo empresarial. Sin embargo, esta práctica puede presentar riesgos para la privacidad y la seguridad de los datos personales, especialmente si se transfieren a países que no tienen leyes de protección de datos adecuadas. Por esta razón, es fundamental que las organizaciones adopten medidas adecuadas para garantizar la protección de los datos personales en la transferencia internacional de datos.

Una de las medidas más importantes para garantizar la protección de los datos personales en la transferencia internacional de datos es la implementación de salvaguardas adecuadas. Estas salvaguardas pueden incluir cláusulas contractuales tipo, reglas corporativas vinculantes y certificaciones y sellos de privacidad. Estas medidas garantizan que los datos personales se transfieran de manera segura y que se cumplan las regulaciones y leyes de protección de datos aplicables en cada país.

Además de las salvaguardas adecuadas, existen diversas herramientas prácticas que se pueden utilizar para garantizar la protección de los datos personales en la transferencia internacional de datos. Algunas de estas incluyen herramientas de cifrado, herramientas de control de acceso y herramientas de monitoreo y detección de intrusiones.

Marco legal de la transferencia internacional de datos

La transferencia internacional de datos está regulada por diversas leyes y regulaciones en todo el mundo. En la Unión Europea, el Reglamento General de Protección de Datos (GDPR) establece que los datos personales solo pueden transferirse a países que proporcionen un nivel adecuado de protección de datos o que cuenten con salvaguardas adecuadas para proteger los datos.

En España, la Ley Orgánica de Protección de Datos (LOPD) establece que los datos personales solo pueden transferirse a países que proporcionen un nivel adecuado de protección de datos o que cuenten con garantías adecuadas.

Salvaguardas adecuadas para la transferencia internacional de datos

Las salvaguardas adecuadas para la transferencia internacional de datos incluyen:

- **Cláusulas contractuales tipo:** estas son cláusulas estandarizadas que se incluyen en los contratos entre el controlador de datos y el procesador de datos en países que no proporcionan un nivel adecuado de protección de datos. Estas cláusulas establecen obligaciones específicas para el procesador de datos para garantizar la protección de los datos personales.

- **Reglas corporativas vinculantes:** estas son políticas internas de protección de datos que se aplican a todas las empresas de un grupo empresarial. Estas políticas deben ser aprobadas por las autoridades de protección de datos y garantizar un nivel adecuado de protección de datos en todas las transferencias internacionales de datos.

▶ **Certificaciones y sellos de privacidad:** estos son programas de certificación y sellos de privacidad que se otorgan a las empresas que cumplen con ciertos estándares de protección de datos. Estos programas pueden proporcionar una garantía adicional de que los datos personales se están protegiendo adecuadamente.

Herramientas prácticas para la transferencia internacional de datos

Existen diversas herramientas prácticas que se pueden utilizar para garantizar la protección de los datos personales en la transferencia internacional de datos. Algunas de estas herramientas incluyen:

▶ Las herramientas de cifrado pueden utilizarse para cifrar los datos personales antes de la transferencia. Esto garantiza que los datos sean ilegibles para cualquier persona que no tenga la clave de descifrado correspondiente. Ejemplo:

VeraCrypt: una herramienta de cifrado de disco que permite crear contenedores cifrados donde se pueden almacenar los datos personales sensibles antes de la transferencia. Los archivos dentro del contenedor están protegidos con una contraseña y solo pueden ser accedidos por aquellos que tengan la clave de descifrado correspondiente.

▶ Las herramientas de control de acceso pueden utilizarse para limitar el acceso a los datos personales solo a aquellos empleados o personas autorizadas que necesiten tener acceso a ellos para realizar sus funciones. Ejemplo:

Active Directory: una herramienta de gestión de identidad y acceso en entornos de Windows que permite establecer políticas de acceso y permisos para los usuarios y grupos. Se pueden definir roles y privilegios específicos para limitar el acceso a los datos personales solo a aquellos usuarios autorizados.

▶ Las herramientas de monitoreo y detección de intrusiones pueden utilizarse para identificar y responder rápidamente a cualquier intento de acceso no autorizado o actividad sospechosa relacionada con los datos personales. Ejemplo:

Snort: un sistema de detección de intrusiones de código abierto que monitorea el tráfico de red en busca de patrones y comportamientos sospechosos. Puede ayudar a identificar intentos de acceso no autorizado o actividades anómalas relacionadas con los datos personales durante la transferencia.

Es importante destacar que estos son solo ejemplos de herramientas prácticas y existen muchas otras disponibles en el mercado. La elección de las herramientas dependerá de las necesidades específicas de cada organización y de las regulaciones y leyes aplicables en cada país.

Aquí tienes algunos ejemplos de casos de uso para la transferencia internacional de datos:

Comunicación de datos entre empresas europeas y empresas en Estados Unidos o Reino Unido: un caso común de transferencia internacional de datos es cuando una empresa con sede en Europa necesita enviar datos personales a una empresa establecida en Estados Unidos o Reino Unido. En este caso, se deben cumplir con las disposiciones del Reglamento General de Protección de Datos (RGPD) y las circulares de la Agencia Española de Protección de Datos (AEPD) para garantizar la protección de los datos durante la transferencia.

▶ **Transferencia de datos a proveedores de servicios en la nube:** muchas organizaciones utilizan servicios en la nube para almacenar y procesar datos. La transferencia de datos personales a proveedores de servicios en la nube ubicados en otros países puede ser necesaria. Es importante asegurarse de que estos proveedores cumplan con las leyes de protección de datos aplicables y establecer acuerdos contractuales sólidos para proteger los datos durante la transferencia.

▶ **Transferencia de datos a filiales o sucursales en otros países:** las organizaciones multinacionales a menudo necesitan transferir datos personales entre sus filiales o sucursales ubicadas en diferentes países. En este caso específico, se deben establecer políticas y procedimientos claros para garantizar que los datos se transfieran de manera segura y cumplan con las leyes de protección de datos aplicables en cada país.

▶ **Transferencia de datos a terceros proveedores o socios comerciales:** las organizaciones pueden necesitar transferir datos personales a terceros proveedores o socios comerciales ubicados en otros países para llevar a cabo actividades comerciales. Es fundamental establecer acuerdos contractuales sólidos que incluyan cláusulas de protección de datos y salvaguardas adecuadas para garantizar la seguridad y privacidad de los datos durante la transferencia.

Estos son solo algunos ejemplos de casos de uso para la transferencia internacional de datos. Cada organización puede tener sus propios escenarios específicos en los que sea necesario transferir datos personales a nivel internacional. Es importante evaluar cuidadosamente cada caso y asegurarse de cumplir con las leyes y regulaciones de protección de datos aplicables para garantizar la privacidad y seguridad de los datos durante la transferencia.

A continuación, te presento algunas mejores prácticas a nivel personal y empresarial para la transferencia segura internacional de datos:

► **Conocer las leyes y regulaciones aplicables:** es fundamental conocer las leyes y regulaciones aplicables en cada país para garantizar que se cumplan los requisitos de protección de datos durante la transferencia internacional de datos. En la Unión Europea, el Reglamento General de Protección de Datos (RGPD) establece las normas para la transferencia internacional de datos.

► **Implementar medidas de seguridad adecuadas:** es importante implementar medidas de seguridad adecuadas para garantizar la protección de los datos personales durante la transferencia internacional de datos. Estas medidas pueden incluir el cifrado de datos, el control de acceso y la detección de intrusiones.

► **Establecer acuerdos contractuales sólidos:** es fundamental establecer acuerdos contractuales sólidos con los proveedores de servicios en la nube o terceros proveedores para garantizar que se cumplan las leyes y regulaciones aplicables y que se protejan los datos personales durante la transferencia.

► **Realizar evaluaciones de riesgos:** es importante realizar evaluaciones de riesgos para identificar los riesgos potenciales para la privacidad y seguridad de los datos personales durante la transferencia internacional de datos. Esto permite tomar medidas preventivas y mitigar los riesgos.

► **Capacitar a los empleados:** es fundamental capacitar a los empleados sobre las mejores prácticas de seguridad y privacidad de datos para garantizar que se cumplan los requisitos de protección de datos durante la transferencia internacional de datos.

▶ **Mantener actualizadas las políticas y procedimientos:** es importante mantener actualizadas las políticas y procedimientos de protección de datos para garantizar que se cumplan los requisitos de protección de datos durante la transferencia internacional de datos.

▶ **Realizar pruebas de seguridad:** es fundamental realizar pruebas de seguridad regulares para identificar posibles vulnerabilidades y tomar medidas preventivas para proteger los datos personales durante la transferencia internacional de datos.

Se hace necesario ampliar el punto relacionado a la comprobaciones de seguridad en la transferencia internacional de datos, entre ellas se incluyen:

▶ **Pruebas de penetración:** estas pruebas implican simular ataques de hackers para identificar vulnerabilidades en los sistemas y redes utilizados para la transferencia de datos. Se utilizan herramientas y técnicas avanzadas para evaluar la resistencia de los sistemas a los ataques y se identifican posibles puntos débiles que podrían comprometer la seguridad de los datos.

▶ **Pruebas de vulnerabilidad:** estas pruebas implican identificar y evaluar las vulnerabilidades existentes en los sistemas y aplicaciones utilizadas para la transferencia de datos. Se utilizan herramientas automatizadas y manuales para escanear los sistemas en busca de posibles vulnerabilidades y se generan informes detallados con recomendaciones para mitigar los riesgos identificados.

▶ **Pruebas de seguridad de la red**: estas pruebas se centran en evaluar la seguridad de la red utilizada para la transferencia de datos. Se analizan los controles de acceso, la configuración de firewalls, la detección de intrusiones y otras medidas de seguridad implementadas en la red. Se identifican posibles brechas de seguridad y se proponen mejoras para fortalecer la seguridad de la red.

▶ **Pruebas de cifrado:** estas pruebas se centran en evaluar la efectividad del cifrado utilizado para proteger los datos durante la transferencia. Se verifica si se está utilizando un cifrado sólido y se comprueba la correcta implementación y configuración del cifrado. Se realizan pruebas de descifrado para asegurarse de que los datos solo sean legibles para aquellos que tengan la clave de descifrado correspondiente.

▶ **Pruebas de cumplimiento normativo:** estas pruebas se centran en evaluar si la transferencia de datos cumple con las leyes y regulaciones aplicables, como el Reglamento General de Protección de Datos (RGPD) en la Unión Europea. Se revisan los procesos, políticas y procedimientos implementados para garantizar el cumplimiento normativo y se realizan auditorías para verificar que se estén siguiendo las mejores prácticas de protección de datos.

Al realizar estas pruebas de manera regular, las organizaciones pueden tomar medidas proactivas para fortalecer la seguridad de los datos y garantizar una transferencia segura de la información personal.

3.4 CONSENTIMIENTO INFORMADO

El consentimiento informado es un elemento fundamental en la protección de los datos personales. Se refiere al proceso mediante el cual se obtiene el consentimiento explícito y libre de una persona para el tratamiento de sus datos personales. Ayuda a crear una cultura de confianza y transparencia en la gestión de los datos personales.

Permite que el titular de los datos tenga control sobre el tratamiento de sus datos y garantiza que se cumplan las leyes y regulaciones aplicables en cada país. En esta sección, se desarrollará ampliamente el concepto de consentimiento informado, dirigido a estudiantes de ciberseguridad.

Importancia del consentimiento informado

El consentimiento informado es fundamental para garantizar la privacidad y seguridad de los datos personales. Permite que el titular de los datos tenga control sobre el tratamiento de sus datos y garantiza que se cumplan las leyes y regulaciones aplicables en cada país. Además, el consentimiento informado ayuda a crear una cultura de confianza y transparencia en la gestión de los datos personales.

Mejores prácticas para obtener el consentimiento informado

Para obtener el consentimiento informado de manera efectiva, se deben seguir algunas mejores prácticas, como:

▶ **Proporcionar información clara y concisa:** es fundamental proporcionar información clara y concisa sobre el tratamiento de los datos personales, incluyendo el propósito del tratamiento, los destinatarios de los datos y los derechos del titular de los datos.

▼ **Obtener el consentimiento de manera explícita:** el consentimiento debe ser explícito y no puede ser inferido a partir de la inacción o el silencio del titular de los datos. Se deben proporcionar opciones claras y específicas para que el titular de los datos pueda otorgar o retirar su consentimiento en cualquier momento.

▼ **Garantizar la libertad del titular de los datos:** el consentimiento debe ser otorgado de manera libre y sin presión. No se debe condicionar el acceso a un servicio o producto a la obtención del consentimiento.

▼ **Mantener un registro del consentimiento:** es importante mantener un registro del consentimiento otorgado por el titular de los datos, incluyendo la fecha, el propósito del tratamiento y la información proporcionada al titular de los datos.

Consentimiento informado en un proceso de investigación penal a nivel informático

El consentimiento informado es especialmente importante en la investigación penal y a nivel de forense informático. En estos casos, se debe obtener el consentimiento informado de los participantes en la investigación antes de recopilar y utilizar sus datos personales.

El consentimiento informado en la investigación implica proporcionar información clara y detallada sobre el propósito de la investigación, los posibles riesgos y beneficios, y los derechos del participante en la investigación.

Casos de uso

El consentimiento informado en la investigación penal y a nivel de forense informático se utiliza en una amplia variedad de estudios, desde investigaciones criminales hasta análisis forenses de dispositivos electrónicos. Por ejemplo, en una investigación criminal, los participantes pueden ser testigos o víctimas de un delito y deben otorgar su consentimiento informado antes de proporcionar información sobre el delito o permitir que se recopilen pruebas. En un análisis forense de dispositivos electrónicos, los participantes pueden ser propietarios de dispositivos electrónicos y deben otorgar su consentimiento informado antes de permitir que se realice un análisis forense de sus dispositivos.

Consecuencias

La falta de consentimiento informado en la investigación penal y a nivel de forense informático puede tener graves consecuencias para los participantes en la investigación y para la integridad de los datos recopilados. Sin el consentimiento informado, los participantes pueden no comprender completamente los riesgos y beneficios de la investigación y pueden no estar dispuestos a participar. Además, la falta de consentimiento informado puede socavar la confianza en la investigación y en la comunidad científica en general.

Mejores prácticas

Para obtener el consentimiento informado de manera efectiva en la investigación penal y a nivel de forense informático, se deben seguir algunas mejores prácticas, como:

- ► **Proporcionar información clara y detallada:** es fundamental proporcionar información clara y detallada sobre el propósito de la investigación, los posibles riesgos y beneficios, y los derechos del participante en la investigación.

- ► **Obtener el consentimiento de manera explícita:** el consentimiento debe ser explícito y no puede ser inferido a partir de la inacción o el silencio del participante en la investigación. Se deben proporcionar opciones claras y específicas para que el participante pueda otorgar o retirar su consentimiento en cualquier momento.

- ► **Garantizar la libertad del participante:** el consentimiento debe ser otorgado de manera libre y sin presión. No se debe condicionar la participación en la investigación a la obtención del consentimiento.

- ► **Mantener un registro del consentimiento:** es importante mantener un registro del consentimiento otorgado por el participante en la investigación, incluyendo la fecha, el propósito de la investigación y la información proporcionada al participante.

Responsabilidades del investigador forense digital

Los investigadores tienen una serie de responsabilidades en relación con el consentimiento informado en la investigación forense. Algunas de estas responsabilidades incluyen:

- **Comunicar toda la información necesaria:** los investigadores deben comunicar toda la información necesaria a los participantes para que puedan otorgar un consentimiento debidamente informado. Esto incluye información sobre el propósito de la investigación, los procedimientos involucrados, los posibles riesgos y beneficios, y los derechos del participante.

- **Obtener el consentimiento de manera voluntaria**: los investigadores deben obtener el consentimiento de manera voluntaria, sin coerción ni influencia indebida. Los participantes deben tener la libertad de aceptar o rechazar participar en la investigación sin consecuencias negativas.

- **Proporcionar opciones claras:** los investigadores deben proporcionar opciones claras y específicas sobre la participación en la investigación. Esto puede incluir la opción de retirar su consentimiento en cualquier momento sin penalización.

- **Documentar el consentimiento:** los investigadores deben documentar el consentimiento informado de los participantes. Esto puede incluir la firma de un formulario de consentimiento o cualquier otro medio que demuestre que el participante ha comprendido y aceptado los términos de la investigación.

- **Revisar y actualizar el consentimiento:** en caso de que haya cambios significativos en la investigación, los investigadores deben revisar y actualizar el consentimiento informado de los participantes. Esto garantiza que los participantes estén informados sobre cualquier cambio relevante y puedan tomar decisiones actualizadas.

- **Proteger la confidencialidad de los datos:** los investigadores deben garantizar la confidencialidad y seguridad de los datos personales recopilados durante la investigación. Esto implica implementar medidas de seguridad adecuadas para proteger la privacidad de los participantes y evitar el acceso no autorizado a los datos.

3.5 PROTECCIÓN DE LOS DERECHOS DE LOS TITULARES DE LOS DATOS

La protección de los datos personales es un tema crítico en la actualidad, especialmente en el contexto de la creciente cantidad de datos que se recopilan y almacenan en línea. Para garantizar la protección de los datos personales, es fundamental proteger los derechos de los titulares de los datos. A continuación, se describen algunas de las medidas de seguridad recomendadas para proteger los derechos de los titulares de los datos.

Leyes y regulaciones

▸ **Leyes de protección de datos:** las leyes de protección de datos establecen los derechos de los titulares de los datos y las obligaciones de las organizaciones que recopilan y procesan los datos personales. Estas leyes establecen las condiciones para el procesamiento de los datos personales, incluyendo el consentimiento informado, la finalidad del procesamiento, la seguridad de los datos y los derechos de los titulares de los datos.

▸ **Regulaciones de privacidad:** las regulaciones de privacidad establecen los requisitos para la protección de la privacidad de los titulares de los datos. Estas regulaciones establecen los límites para el procesamiento de los datos personales, incluyendo la recopilación, el almacenamiento, el uso y la divulgación de los datos personales.

Derechos de los titulares de los datos

▸ **Derecho a la información:** los titulares de los datos tienen derecho a saber qué datos están siendo retenidos y usados y de corregir las inexactitudes.

▸ **Derecho al acceso:** los titulares de los datos tienen derecho a acceder a sus datos personales y a conocer cómo se están utilizando.

▸ **Derecho a la rectificación:** los titulares de los datos tienen derecho a corregir cualquier inexactitud en sus datos personales.

▸ **Derecho a la eliminación:** los titulares de los datos tienen derecho a solicitar la eliminación de sus datos personales.

▸ **Derecho a la portabilidad:** los titulares de los datos tienen derecho a recibir sus datos personales en un formato estructurado y legible por máquina.

Herramientas informáticas para la protección de los derechos de los titulares de los datos

▸ **Software de cifrado:** el uso de software de cifrado es una medida fundamental para proteger los datos personales. Estas herramientas permiten cifrar los datos, lo que garantiza que solo las personas autorizadas puedan acceder a ellos.

Algunos ejemplos de software de cifrado incluyen VeraCrypt, BitLocker y FileVault.

▶ **Sistemas de gestión de identidad y acceso:** permiten administrar y controlar el acceso a los datos personales. Los sistemas de gestión de identidad y acceso aseguran que solo las personas autorizadas puedan acceder a los datos y brindan opciones de autenticación segura, como la autenticación de dos factores.

Ejemplos de herramientas de gestión de identidad y acceso incluyen Okta, Microsoft Azure Active Directory y OneLogin.

▶ **Firewalls y sistemas de detección de intrusos:** ayudan a proteger los datos personales al monitorear y controlar el tráfico de red. Los firewalls actúan como una barrera de seguridad entre la red interna y externa, mientras que los sistemas de detección de intrusos identifican y responden a posibles intentos de acceso no autorizado.

Ejemplos de herramientas de firewall incluyen pfSense, Cisco ASA y Fortinet FortiGate. Para los sistemas de detección de intrusos, se pueden utilizar herramientas como Snort, Suricata y Security Onion.

▶ **Software de gestión de parches:** mantener el software actualizado es esencial para proteger los datos personales. El software de gestión de parches automatiza el proceso de aplicar actualizaciones y parches de seguridad en los sistemas y aplicaciones.

Algunas herramientas populares de gestión de parches incluyen Microsoft SCCM, WSUS y SolarWinds Patch Manager.

▶ **Herramientas de monitoreo de seguridad:** permiten monitorear y analizar la actividad en los sistemas y redes para detectar posibles amenazas y violaciones de seguridad. Las herramientas de monitoreo de seguridad pueden incluir funciones como la detección de malware, análisis de registros y alertas de seguridad.

Ejemplos de herramientas de monitoreo de seguridad incluyen Splunk, Elastic SIEM y Security Information and Event Management (SIEM) solutions.

Comandos de Windows / Linux

A continuación, se presentan algunos comandos para Windows y Linux que pueden ser útiles para la protección de los derechos de los titulares de los datos:

▶ **Windows**

- **Cifrado de datos personales (PDE):** el cifrado de datos personales es una función de seguridad integrada en Windows que permite cifrar los datos personales en el disco duro. Para habilitar el cifrado de datos personales, se puede utilizar el siguiente comando en PowerShell:

```
Enable-BitLocker -MountPoint "C:" -EncryptionMethod "AES256" -UsedSpa-
ceOnly -RecoveryPasswordProtector
```

- **Control de acceso:** para establecer permisos de acceso a los archivos y carpetas en Windows, se puede utilizar el comando "Set-Acl". Por ejemplo, permitir establecer permisos para usuarios y grupos. Por ejemplo, para otorgar permisos de control total a un grupo específico en un archivo descrito en un lista predefinida de control de acceso (ACL siglas en ingles) , se puede utilizar el siguiente comando en PowerShell:

```
Set-Acl -Path archivo.txt -AclObject $acl
```

- **Firewall de Windows:** el firewall de Windows puede ser una regla de firewall para permitir el tráfico entrante solo desde una dirección IP específica: para permitir el tráfico entrante solo desde una dirección IP específica en el puerto 80 (HTTP), se puede utilizar el siguiente comando ejemplo en PowerShell:

```
New-NetFirewallRule -DisplayName "Permitir tráfico HTTP entrante desde
dirección IP específica" -Direction Inbound -Protocol TCP -LocalPort 80
-RemoteAddress 192.168.1.100 -Action Allow
```

▶ **Linux**

- **Cifrado de datos:** para cifrar los datos en Linux, se puede utilizar la herramienta "cryptsetup". Por ejemplo, para cifrar una partición en Linux, se puede utilizar el siguiente comando:

```
# cryptsetup luksFormat /dev/sda1
```

- **Control de acceso:** para cambiar el propietario de un archivo o directorio en sistemas tipo UNIX, como Linux, se utiliza el comando "chown". Permite establecer los permisos de acceso y controlar quién tiene derechos sobre los archivos.

Por ejemplo, cambiar el propietario de un directorio y sus archivos de forma recursiva:

```
# chown -R nuevo_propietario directorio/
```

- **Firewall de Linux:** el firewall de Linux es una herramienta de seguridad integrada que permite controlar el tráfico de red. El siguiente comando habilitará el firewall UFW en el sistema, con el siguiente comando:

```
$ sudo ufw enable
```

Es importante destacar que estos comandos deben ser utilizados en conjunto con políticas y procedimientos adecuados, así como con la capacitación de los empleados, para garantizar una protección efectiva de los datos personales y el cumplimiento de las leyes y regulaciones de protección de datos.

3.6 AUDITORÍAS Y REVISIONES PERIÓDICAS PARA PROTEGER LA TITULARIDAD DE DATOS

La protección de los datos personales es un tema crítico en la actualidad, especialmente en el contexto de la creciente cantidad de datos que se recopilan y almacenan en línea. Para garantizar la protección de los datos personales, es fundamental proteger los derechos de los titulares de los datos.

Una de las formas de proteger los derechos de los titulares de los datos es a través de auditorías y revisiones periódicas. A continuación, se describen algunas de las medidas de seguridad recomendadas para proteger los derechos de los titulares de los datos.

El Instituto Nacional de Estándares y Tecnología (NIST) de los Estados Unidos ha publicado una serie de guías y estándares para la seguridad de la información, incluyendo la protección de datos personales. Estas guías y estándares pueden ser utilizados como referencia para la implementación de auditorías y revisiones periódicas para proteger la titularidad de los datos de un usuario.

A continuación, se describen algunos de los tipos de auditorías y revisiones periódicas recomendados por NIST para proteger la titularidad de los datos de un usuario:

- ▶ **Auditorías de seguridad:** las auditorías de seguridad son una forma efectiva de evaluar la seguridad de los sistemas y procesos que manejan datos personales. Las auditorías de seguridad pueden ser realizadas por un auditor interno o externo, y pueden incluir la revisión de políticas y procedimientos de seguridad, la evaluación de la infraestructura de seguridad, la revisión de registros de seguridad y la identificación de vulnerabilidades de seguridad. Las auditorías de seguridad pueden ayudar a identificar áreas de mejora y a garantizar que se estén implementando medidas de seguridad adecuadas para proteger los datos personales.

Frecuencia: las auditorías de seguridad deben ser realizadas al menos una vez al año, o con mayor frecuencia si se han producido cambios significativos en los sistemas o procesos que manejan datos personales.

Ejemplo de checklist: la auditoría de seguridad puede incluir una lista de verificación que cubra los siguientes aspectos:

- Políticas y procedimientos de seguridad.
- Infraestructura de seguridad (firewalls, antivirus, etc.).
- Registros de seguridad (logs).
- Identificación y autenticación de usuarios.
- Control de acceso a los datos.
- Encriptación de datos.
- Copias de seguridad y recuperación de desastres.
- Evaluación de vulnerabilidades y amenazas.

Controles técnicos: los controles técnicos que pueden ser evaluados durante una auditoría de seguridad incluyen:

- Configuración de firewalls y antivirus.
- Configuración de políticas de contraseñas.
- Configuración de permisos de acceso a los datos.
- Configuración de encriptación de datos.
- Configuración de copias de seguridad y recuperación de desastres.

▶ **Revisiones periódicas de políticas y procedimientos:** las políticas y procedimientos de seguridad deben ser revisados periódicamente para garantizar que estén actualizados y sean efectivos. Las revisiones periódicas pueden ayudar a identificar áreas de mejora y a garantizar que las políticas y procedimientos de seguridad se estén implementando de manera efectiva. Las revisiones periódicas también pueden ayudar a garantizar que se estén cumpliendo los requisitos legales y regulatorios aplicables.

Frecuencia: las revisiones periódicas deben ser realizadas al menos una vez al año, o con mayor frecuencia si se han producido cambios significativos en los sistemas o procesos que manejan datos personales.

Ejemplo de checklist: la revisión periódica puede incluir una lista de verificación que cubra los siguientes aspectos:

- Políticas y procedimientos de seguridad.
- Procedimientos de control de acceso a los datos.
- Procedimientos de encriptación de datos.
- Procedimientos de copias de seguridad y recuperación de desastres.
- Procedimientos de evaluación de vulnerabilidades y amenazas.

Controles técnicos: los controles técnicos que pueden ser evaluados durante una revisión periódica incluyen:

- Configuración de políticas de contraseñas.
- Configuración de permisos de acceso a los datos.
- Configuración de encriptación de datos.
- Configuración de copias de seguridad y recuperación de desastres.

▶ **Pruebas de penetración:** las pruebas de penetración son una forma de evaluar la seguridad de los sistemas y procesos que manejan datos personales. Las pruebas de penetración implican la simulación de un ataque informático para identificar vulnerabilidades de seguridad y evaluar la efectividad de las medidas de seguridad existentes. Las pruebas de penetración pueden ayudar a identificar áreas de mejora y a garantizar que se estén implementando medidas de seguridad adecuadas para proteger los datos personales.

Frecuencia: las pruebas de penetración deben ser realizadas al menos una vez al año, o con mayor frecuencia si se han producido cambios significativos en los sistemas o procesos que manejan datos personales.

Ejemplo de checklist: la prueba de penetración puede incluir una lista de verificación que cubra los siguientes aspectos:

Identificación de vulnerabilidades de seguridad

- Evaluación de la efectividad de las medidas de seguridad existentes.
- Identificación de posibles puntos de entrada para un ataque informático.
- Evaluación de la capacidad de respuesta ante un ataque informático.

Controles técnicos: los controles técnicos que pueden ser evaluados durante una prueba de penetración incluyen:

- Configuración de firewalls y antivirus.
- Configuración de políticas de contraseñas.

● Configuración de permisos de acceso a los datos.

● Configuración de encriptación de datos.

● Configuración de copias de seguridad y recuperación de desastres.

Es importante tener en cuenta que estas medidas de seguridad deben ser implementadas de manera regular y consistente para garantizar una protección efectiva de los datos personales. Además, es importante que las auditorías y revisiones periódicas sean realizadas por profesionales capacitados y con experiencia en seguridad de la información.

A continuación se presentan algunos enlaces que pueden ser útiles para descargar formatos para auditorías y revisiones periódicas para proteger la titularidad de datos:

▼ *https://www.oas.org/es/sla/cji/docs/Publicacion_Proteccion_Datos_Personales_Principios_Actualizados_2021.pdf*

▼ *https://rea.economistas.es/documentos-de-trabajo/*

▼ *https://www.aepd.es/es/node/805*

Es importante tener en cuenta que estos enlaces son solo una muestra y que existen muchos otros recursos disponibles en línea que pueden ser útiles para este propósito. Se recomienda realizar una búsqueda más exhaustiva para encontrar el formato que mejor se adapte a sus necesidades específicas.

3.7 EVALUACIÓN DE LOS PROVEEDORES DE TERCEROS

La evaluación de proveedores de terceros en el ámbito de la ciberseguridad es un aspecto crítico que no debe pasarse por alto. Con el aumento de la externalización de servicios y la colaboración con terceros, las organizaciones se enfrentan a nuevos desafíos en términos de seguridad de la información. Evaluar a los proveedores externos se vuelve esencial para garantizar que cumplan con los estándares de seguridad necesarios y no representen un riesgo para la organización.

En este contexto, la evaluación de proveedores de terceros se convierte en un proceso estratégico para identificar, mitigar y gestionar los riesgos asociados con la tercerización de servicios. Desde la revisión de políticas de seguridad hasta la verificación de controles de acceso, la evaluación de proveedores externos implica un análisis exhaustivo de diversos aspectos para asegurar la integridad, confidencialidad y disponibilidad de la información.

Es importante, comprender los criterios de evaluación, los riesgos potenciales y las mejores prácticas en la evaluación de proveedores de terceros es fundamental para fortalecer las defensas cibernéticas de una organización y garantizar la protección de sus activos digitales. Este proceso no solo contribuye a la seguridad de la información, sino que también fortalece la resiliencia de la organización frente a posibles amenazas y vulnerabilidades en un entorno digital en constante evolución.

Importancia de la evaluación

La evaluación de proveedores de terceros en ciberseguridad es crucial para garantizar la protección de los activos digitales de una organización. Al evaluar a los proveedores externos, se puede asegurar que cumplen con los estándares de seguridad necesarios y no representan un riesgo para la empresa. Por ejemplo, una empresa de servicios financieros que contrata un proveedor de almacenamiento en la nube debe evaluar su capacidad para proteger los datos financieros sensibles de acuerdo con las regulaciones del sector.

Otro ejemplo sería una empresa de comercio electrónico que evalúa a un proveedor de servicios de pago en línea para garantizar que cumple con los estándares de seguridad de la industria y protege la información de los clientes de posibles ataques cibernéticos. La evaluación de proveedores de terceros no solo ayuda a mitigar riesgos, sino que también fortalece la confianza de los clientes y socios comerciales en la seguridad de la organización.

Criterios de evaluación

Al evaluar proveedores externos en ciberseguridad, es fundamental considerar criterios clave para garantizar la integridad y confidencialidad de los datos. Algunos criterios importantes incluyen la experiencia y reputación del proveedor en seguridad cibernética, la implementación de controles de acceso y autenticación robustos, la capacidad de respuesta ante incidentes de seguridad y la conformidad con normativas y estándares de la industria.

Por ejemplo, al evaluar un proveedor de servicios de gestión de identidades, la empresa debe considerar si el proveedor utiliza cifrado fuerte para proteger los datos de identificación personal de los usuarios y si cuenta con medidas de seguridad para prevenir el acceso no autorizado a la información confidencial. La evaluación de proveedores basada en criterios sólidos ayuda a seleccionar socios confiables que contribuyan a fortalecer la postura de seguridad de la organización.

Checklist para la evaluación de proveedores externos en ciberseguridad

El siguiente checklist proporciona una guía detallada para evaluar a los proveedores externos en ciberseguridad, asegurando que se seleccionen socios confiables que contribuyan a fortalecer la postura de seguridad de la organización y proteger la integridad y confidencialidad de los datos:

▶ Experiencia y reputación en seguridad cibernética:

▶ Evaluar la trayectoria del proveedor en el campo de la ciberseguridad.

▶ Investigar su historial de incidentes de seguridad y cómo los han gestionado.

▶ Controles de acceso y autenticación robustos.

▶ Verificar la implementación de medidas de autenticación multifactorial.

▶ Revisar los controles de acceso para garantizar la protección de datos sensibles.

▶ Capacidad de respuesta ante Incidentes de seguridad.

▶ Solicitar información sobre su plan de respuesta a incidentes de seguridad.

▶ Evaluar su capacidad para detectar, contener y mitigar posibles brechas de seguridad.

▶ Conformidad con normativas y estándares de la industria.

▶ Verificar si el proveedor cumple con regulaciones como GDPR, HIPAA, PCI DSS, entre otras.

▶ Confirmar si cuentan con certificaciones de seguridad como ISO 27001.

Uso de cifrado fuerte y protección de datos personales

▶ Asegurarse de que el proveedor utilice cifrado robusto para proteger la información confidencial.

▶ Verificar las medidas de seguridad implementadas para prevenir el acceso no autorizado a datos personales.

▶ Evaluación de la infraestructura de seguridad.

    ▶ Realizar auditorías técnicas para evaluar la robustez de la infraestructura de seguridad del proveedor.

    ▶ Verificar la implementación de firewalls, sistemas de detección de intrusiones y otras medidas de protección.

Gestión de riesgos y cumplimiento

    ▶ Revisar las políticas y procedimientos del proveedor en cuanto a la gestión de riesgos.

    ▶ Confirmar que el proveedor cumple con los requisitos legales y regulatorios en materia de ciberseguridad.

    ▶ Evaluación de la capacidad de escalabilidad y continuidad del servicio.

    ▶ Asegurarse de que el proveedor pueda escalar sus servicios según las necesidades de la organización.

    ▶ Verificar que tengan planes de continuidad del negocio en caso de incidentes que afecten la prestación de servicios.

Riesgos asociados

Trabajar con proveedores externos conlleva riesgos potenciales en términos de seguridad de la información. Al externalizar servicios, una organización puede exponerse a vulnerabilidades, brechas de seguridad y posibles violaciones de datos. Para mitigar estos riesgos de manera efectiva, es crucial realizar una evaluación exhaustiva de los proveedores y establecer medidas de control adecuadas.

Por ejemplo, si una empresa subcontrata el mantenimiento de su sistema de gestión de inventario a un proveedor externo, existe el riesgo de que este proveedor no proteja adecuadamente la información sobre los productos y proveedores. Para mitigar el riesgo, la empresa debe establecer acuerdos contractuales claros que incluyan cláusulas de seguridad de la información y realizar auditorías periódicas para verificar el cumplimiento de los controles de seguridad.

Matriz de riesgos asociados a proveedores externos en ciberseguridad

Riesgo Potencial	Descripción del Riesgo	Impacto Potencial	Medidas de Mitigación
Brechas de Seguridad	Posible vulnerabilidad en la protección de datos sensibles por parte del proveedor externo.	Pérdida de datos, daño a la reputación y sanciones legales.	Establecer controles de acceso robustos, cifrado de datos, auditorías de seguridad regulares y monitoreo continuo.
Violaciones de Datos	Acceso no autorizado o filtración de información confidencial por parte del proveedor externo.	Pérdida de confianza de clientes, multas y daño reputacional.	Implementar políticas claras de manejo de datos, cifrado de extremo a extremo y capacitación en seguridad de la información.
Interrupción del Servicio	Posibilidad de que el proveedor externo no cumpla con los acuerdos de nivel de servicio, afectando la operatividad.	Pérdida de ingresos, impacto en la productividad y reputación.	Establecer planes de continuidad del negocio, acuerdos contractuales detallados y evaluación de la capacidad de escalabilidad.
Incumplimiento Normativo	Falta de cumplimiento con regulaciones y estándares de seguridad por parte del proveedor externo.	Multas regulatorias, sanciones legales y pérdida de confianza.	Verificar la conformidad con normativas, certificaciones de seguridad y revisión de políticas de cumplimiento.
Falta de Transparencia	Opacidad en las prácticas de seguridad y gestión de riesgos del proveedor externo.	Dificultad para evaluar riesgos y confianza limitada.	Establecer acuerdos contractuales claros, transparencia en procesos de seguridad y auditorías independientes.

Normativas y estándares

En el ámbito de la ciberseguridad, existen normativas y estándares relevantes que rigen la evaluación de proveedores de terceros. Por ejemplo, en la Unión Europea, el Reglamento General de Protección de Datos (GDPR) establece requisitos estrictos para el tratamiento de datos personales, lo que impacta en la evaluación de proveedores que manejan información personal. Cumplir con normativas como el GDPR es fundamental para garantizar la privacidad y seguridad de los datos.

Además, estándares como ISO 27001/27002:2022 proporcionan un marco de referencia para la gestión de la seguridad de la información, que puede ser utilizado para evaluar a los proveedores externos en términos de sus controles de seguridad y prácticas de gestión de riesgos. Al adherirse a normativas y estándares reconocidos, las organizaciones pueden asegurar que sus proveedores cumplen con los requisitos de seguridad necesarios para proteger la información de manera efectiva.

Controles aplicables en la evaluación de proveedores de terceros en ciberseguridad

En el ámbito de la ciberseguridad, existen normativas y estándares clave que rigen la evaluación de proveedores externos para garantizar la integridad y confidencialidad de los datos. Algunos controles aplicables incluyen:

Adhesión a normativas como ISO 27002:2022:

▼ Control de acceso a sistemas y aplicaciones (A9):
  ● Restricción del acceso a la información.
  ● Procedimientos seguros de inicio de sesión.
  ● Cifrado.
  ● Política de uso de controles criptográficos.
  ● Gestión de claves.

▼ Seguridad física y ambiental (A11):
  ● Áreas seguras y perímetro de seguridad física.
  ● Protección contra amenazas externas y ambientales.

▼ Seguridad en la operativa (A12):
  ● Responsabilidades y procedimientos de operación.
  ● Protección contra código malicioso.
  ● Copias de seguridad.
  ● Registro de actividad y supervisión.
  ● Control del software en explotación.

Leer en línea ISO/IEC 27001/27002: *https://normaiso27001.es/*

Al seguir normativas como el GDPR y estándares como ISO 27001, las organizaciones pueden fortalecer su postura de seguridad al evaluar a los proveedores de terceros, garantizando que se cumplan los estándares de seguridad necesarios para proteger la información de manera efectiva y mitigar los riesgos asociados a la ciberseguridad.

4

PROTOCOLOS DE SEGURIDAD EN SISTEMA INFORMÁTICOS

La seguridad informática es un aspecto fundamental en el mundo digital actual, donde la protección de la información y los sistemas se vuelve cada vez más crucial. En esta sección, nos adentraremos en el fascinante mundo de los protocolos de seguridad en sistemas informáticos, un pilar esencial para garantizar la confidencialidad, integridad y disponibilidad de los datos.

Desde el cifrado hasta la autenticación, estos protocolos establecen las reglas y estándares necesarios para proteger las redes y sistemas de información contra posibles amenazas cibernéticas. Para aquellos que buscan certificarse en el área de ciberseguridad, comprender a fondo los protocolos de seguridad es esencial para fortalecer las defensas digitales y mitigar riesgos.

Clasificación de los protocolos de seguridad

Los protocolos de seguridad pueden agruparse en varias categorías en función de sus características y propósitos. Algunas de estas categorías son:

- **Protocolos criptográficos:** estos protocolos se centran en la protección de la información mediante el uso de técnicas de cifrado, como el cifrado simétrico y asimétrico, hashes y firmas digitales. Algunos ejemplos de protocolos criptográficos son SSL (Secure Sockets Layer), TLS (Transport Layer Security) y PGP (Pretty Good Privacy).

Usos prácticos:

- SSL (Secure Sockets Layer) y TLS (Transport Layer Security): ambos protocolos se utilizan para proteger las comunicaciones en Internet, asegurando la privacidad y la integridad de los datos transmitidos entre aplicaciones y servidores. Son ampliamente utilizados en sitios web, correo electrónico y servicios de mensajería instantánea.

- PGP (Pretty Good Privacy): se utiliza para cifrar y firmar digitalmente correos electrónicos y archivos, asegurando así la confidencialidad y la autenticidad de la información enviada.

Ventajas:

- Protección contra robo de información y ataques de phishing.

- Aseguran la privacidad y confidencialidad de la información transmitida a través de Internet.

- Verificación de la autenticidad de los usuarios y dispositivos.

Desventajas:

- Posibilidad de vulnerabilidades si no se actualizan o se configuran correctamente.

- Requieren recursos computacionales adicionales para el procesamiento de cifrado y descifrado.

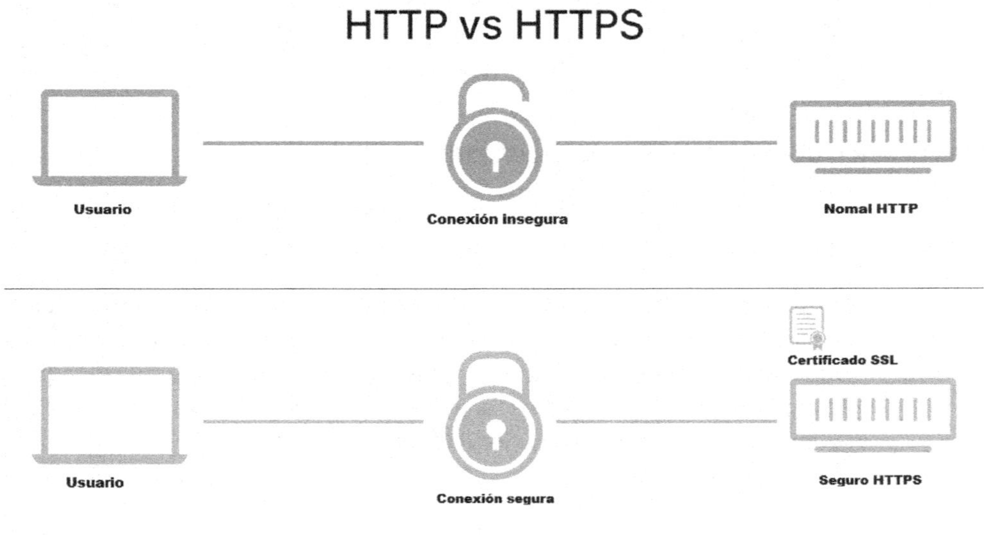

HTTP vs HTTPS

Figura 4.1. Uso de protocolo SSL

A pesar de su robustez, estos protocolos no están exentos de vulnerabilidades. A continuación, se presentan algunos de los ataques más comunes que pueden afectar a los protocolos criptográficos:

1. Ataques de fuerza bruta

   Descripción: en este tipo de ataque, un atacante intenta descifrar un mensaje cifrado probando todas las combinaciones posibles de claves.

   Impacto: si la clave utilizada es débil o corta, un atacante puede tener éxito en descifrar el mensaje y acceder a la información confidencial.

2. Ataques de hombre en el medio (*Man-in-the-Middle*, MITM)

   Descripción: un atacante intercepta la comunicación entre dos partes y puede leer, modificar o incluso falsificar los datos transmitidos.

   Impacto: los atacantes pueden robar información confidencial, como contraseñas o datos financieros, o incluso alterar los datos transmitidos para llevar a cabo ataques de phishing u otros tipos de fraude.

3. Ataques de Replay

   Descripción: un atacante intercepta y guarda una comunicación cifrada para luego retransmitirla, intentando engañar al destinatario haciéndole creer que proviene de la fuente original.

   Impacto: si la comunicación no está protegida contra ataques de repetición, un atacante podría realizar transacciones no autorizadas o acceder a información confidencial.

4. Ataques de diccionario y ataques de texto claro conocido

   Descripción: un atacante utiliza listas predefinidas de palabras comunes o fragmentos de texto claro conocido para intentar descifrar un mensaje cifrado.

   Impacto: si las claves o contraseñas utilizadas son débiles y se encuentran en las listas utilizadas por el atacante, el mensaje puede ser descifrado con éxito.

5. Ataques de criptoanálisis

   Descripción: los criptoanalistas intentan explotar debilidades en los algoritmos criptográficos subyacentes para descifrar mensajes sin necesidad de conocer la clave secreta.

Impacto: si se descubren vulnerabilidades en los algoritmos criptográficos utilizados en los protocolos, la seguridad de la comunicación puede verse comprometida.

6. Ataques de intercepción y modificación de datos (*Tampering*)

Descripción: un atacante intercepta la comunicación y modifica los datos transmitidos antes de que lleguen al destinatario.

Impacto: estos ataques pueden alterar la integridad de los datos transmitidos, lo que puede conducir a la manipulación de transacciones o a la divulgación de información falsa.

7. Ataques de denegación de servicio (DoS) y de amplificación

Descripción: los atacantes inundan un servidor o red con un gran volumen de tráfico malicioso para sobrecargar los recursos y provocar una interrupción del servicio.

Impacto: si un servidor que utiliza protocolos criptográficos es atacado con éxito, puede resultar en la denegación de servicio, lo que afecta la disponibilidad de los servicios protegidos.

8. Ataques contra Implementaciones débiles o incorrectas

Descripción: los atacantes aprovechan debilidades en la implementación o configuración de los protocolos criptográficos para explotar vulnerabilidades.

Impacto: una implementación débil o incorrecta puede permitir a los atacantes eludir las medidas de seguridad y acceder a la información protegida.

9. Ataques contra protocolos obsoletos o vulnerables

Descripción: los atacantes aprovechan vulnerabilidades conocidas en versiones obsoletas o protocolos criptográficos que han sido comprometidos.

Impacto: si una organización utiliza protocolos obsoletos o vulnerables, corre el riesgo de sufrir ataques exitosos que comprometan la seguridad de la comunicación.

10. Ataques de inyección de código malicioso

Descripción: los atacantes aprovechan las vulnerabilidades en aplicaciones o sistemas que interactúan con los protocolos criptográficos para inyectar y ejecutar código malicioso.

Impacto: estos ataques pueden comprometer la confidencialidad y la integridad de los datos transmitidos, así como permitir a los atacantes tomar el control de sistemas vulnerables.

▼ **Protocolos de autenticación:** estos protocolos se utilizan para verificar la identidad de los usuarios y dispositivos en un sistema informático. Algunos ejemplos de protocolos de autenticación son Kerberos, OAuth y *OpenID Connect.*

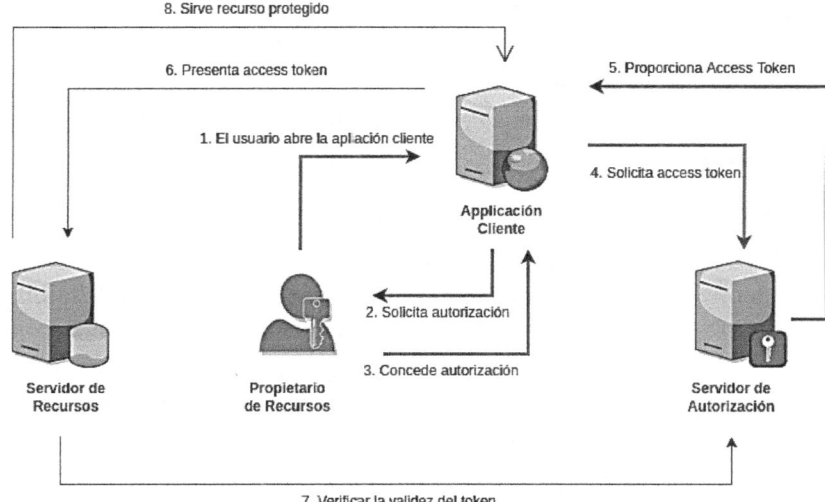

Figura 4.2. lujo de trabajo OAuth - Fuente: *https://ratondebiblioteca.com*

Usos prácticos:

- Kerberos: es utilizado en redes de computadoras para autenticar a los usuarios y dispositivos en un entorno seguro. Se utiliza en sistemas operativos como Windows y Unix, así como en redes empresariales y educativas.

- OAuth: permite que los usuarios otorguen permisos a aplicaciones y sitios web para acceder a sus datos alojados en otras plataformas. Es ampliamente utilizado en servicios de redes sociales y aplicaciones móviles.

- OpenID Connect: se utiliza para autenticar a los usuarios en múltiples sitios web y aplicaciones sin necesidad de crear múltiples cuentas de usuario.

Ventajas:

- Garantizan que solo los usuarios autorizados puedan acceder al sistema.

- Control de acceso a los recursos de un sistema informático.

Desventajas:

- Posibilidad de ataques de suplantación de identidad si no se implementan adecuadamente.

- Requieren la gestión de credenciales y contraseñas.

Estos protocolos también pueden ser objeto de diversos ataques. A continuación, se presentan algunos de los ataques más comunes dirigidos a los protocolos de autenticación:

1. Ataques de fuerza bruta y diccionario

   Descripción: los atacantes intentan adivinar las credenciales de autenticación probando todas las combinaciones posibles de nombres de usuario y contraseñas, o utilizando diccionarios de contraseñas comunes.

   Medidas preventivas: implementar políticas de bloqueo de cuentas después de un número determinado de intentos fallidos, requerir contraseñas robustas y utilizar medidas de autenticación de dos factores.

2. Ataques de reescritura de solicitud

   Descripción: los atacantes interceptan y modifican las solicitudes de autenticación para comprometer el proceso de inicio de sesión o para obtener acceso no autorizado.

   Medidas preventivas: utilizar canales seguros de comunicación (como HTTPS), firmar digitalmente las solicitudes de autenticación y utilizar tokens de seguridad.

3. Ataques de Replay

   Descripción: los atacantes interceptan y graban solicitudes de autenticación válidas para reproducirlas posteriormente y obtener acceso no autorizado.

   Medidas preventivas: utilizar tokens de un solo uso o agregar sellos temporales a las solicitudes de autenticación para evitar su reutilización.

4. Ataques de intermediarios (Man-in-the-Middle)

   Descripción: los atacantes interceptan y modifican las comunicaciones entre el cliente y el servidor para obtener credenciales de autenticación o comprometer el proceso de autenticación.

   Medidas preventivas: utilizar conexiones seguras mediante protocolos como TLS/SSL, implementar certificados de servidor confiables y utilizar técnicas de verificación de integridad de mensajes.

5. Ataques de falsificación de identidad

   Descripción: los atacantes intentan hacerse pasar por usuarios legítimos utilizando técnicas como la suplantación de identidad o la ingeniería social.

   Medidas preventivas: educar a los usuarios sobre las prácticas de seguridad, implementar medidas de autenticación multifactor (MFA) y utilizar protocolos seguros como Kerberos.

6. Ataques de difamación (Denegación de servicio)

   Descripción: los atacantes intentan abrumar los servidores de autenticación con solicitudes maliciosas para interrumpir el servicio legítimo y negar el acceso a los usuarios autorizados.

   Medidas preventivas: implementar medidas de mitigación de ataques DDoS, como la limitación de tasa y el uso de sistemas de detección y prevención de intrusiones (IDS/IPS).

7. Ataques de ingeniería social

   Descripción: los atacantes manipulan a los usuarios para que divulguen sus credenciales de autenticación o información sensible mediante técnicas de engaño psicológico.

   Medidas preventivas: realizar entrenamiento en concienciación de seguridad para empleados, fomentar una cultura de seguridad y utilizar técnicas de autenticación multifactor.

▰ **Protocolos de acceso y control**: estos protocolos se centran en la administración de los permisos y la autorización para acceder a los recursos de un sistema informático. Algunos ejemplos de protocolos de acceso y control son RADIUS (Remote Authentication Dial-In User Service) y LDAP (Lightweight Directory Access Protocol).

Usos prácticos:

- RADIUS (Remote Authentication Dial-In User Service): se utiliza para autenticar a los usuarios y dispositivos en redes inalámbricas y de acceso remoto, como redes VPN y redes Wi-Fi.

- LDAP (Lightweight Directory Access Protocol): se utiliza para acceder a directorios de información de usuarios y recursos en redes grandes y complejas, como empresas y organizaciones educativas.

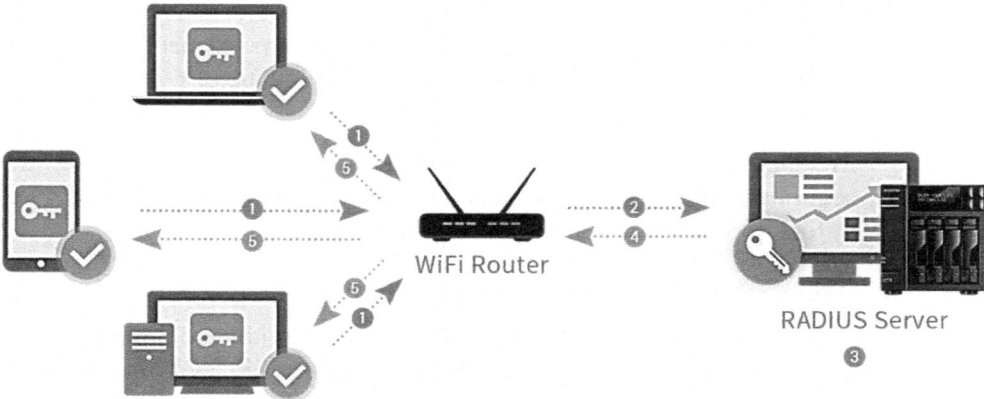

Figura 4.3. Proceso de autenticación RADIUS - Fuente: *https:// https://wispcontrol.com/*

Ventajas:

- Permiten administrar los derechos de acceso a los recursos de forma centralizada.

- Facilitan la autenticación y autorización de usuarios en redes grandes y complejas.

▼ Desventajas:

- Pueden ser vulnerables a ataques de suplantación de identidad si no se aplican las medidas de seguridad adecuadas.

- Pueden resultar complejos de configurar y mantener en entornos de red grandes y dinámicos.

- En algunos casos, pueden generar cuellos de botella en la red si no están optimizados correctamente, afectando el rendimiento del sistema.

Los protocolos de acceso y control son esenciales para administrar los permisos y la autorización para acceder a los recursos en un sistema informático. Sin embargo, al igual que otros protocolos de seguridad, también pueden ser objeto de diversos ataques. A continuación, se presentan algunos de los ataques más comunes dirigidos a los protocolos de acceso y control:

1. Ataques de suplantación de identidad (*Spoofing*)

   Descripción: los atacantes intentan hacerse pasar por usuarios legítimos al falsificar direcciones IP, direcciones MAC u otros datos de identificación en los mensajes de solicitud de acceso.

   Medidas preventivas: implementar autenticación robusta, como autenticación multifactor (MFA) o autenticación basada en certificados digitales.

2. Ataques de fuerza bruta y diccionario

   Descripción: los atacantes intentan adivinar credenciales válidas probando diferentes combinaciones de nombres de usuario y contraseñas.

   Medidas preventivas: implementar bloqueos de cuenta después de un número determinado de intentos fallidos, requerir contraseñas fuertes y utilizar medidas de autenticación de dos factores.

3. Ataques de inyección

   Descripción: los atacantes intentan inyectar comandos maliciosos o datos en las solicitudes de acceso con el objetivo de obtener acceso no autorizado o realizar acciones no deseadas.

   Medidas preventivas: validar y filtrar correctamente todas las entradas de usuario, utilizar parámetros de enlace seguros y evitar la concatenación de consultas.

4. Ataques de revelación de información (*Information Disclosure*)

   Descripción: los atacantes intentan obtener información sensible o privilegiada de los mensajes de acceso, como contraseñas, claves de sesión o detalles de configuración.

Medidas preventivas: encriptar datos sensibles en tránsito y en reposo, limitar la cantidad de información revelada en mensajes de error y configurar adecuadamente los niveles de registro y auditoría.

5. Ataques de intercambio de sesiones (*Session Hijacking*)

   Descripción: los atacantes intentan tomar el control de sesiones de usuario legítimas para acceder a recursos protegidos sin autorización.

   Medidas preventivas: utilizar tokens de sesión seguros, implementar HTTPS para todas las comunicaciones y utilizar mecanismos de renovación de tokens.

6. Ataques de reproducción (*Replay Attacks*)

   Descripción: los atacantes graban y reproducen mensajes de acceso legítimos para obtener acceso no autorizado a recursos protegidos.

   Medidas preventivas: utilizar tokens de un solo uso o incluir sellos temporales en las solicitudes de acceso para evitar la reproducción.

7. Ataques de denegación de servicio (DoS)

   Descripción: los atacantes intentan sobrecargar los servidores de acceso y control con solicitudes maliciosas para interrumpir el servicio legítimo y negar el acceso a usuarios autorizados.

   Medidas preventivas: implementar medidas de mitigación de ataques DoS, como límites de tasa y sistemas de detección y prevención de intrusiones (IDS/IPS).

8. Ataques de intermediarios (Man-in-the-Middle)

   Descripción: los atacantes interceptan y manipulan las comunicaciones entre el cliente y el servidor de acceso para obtener acceso no autorizado o realizar acciones maliciosas.

   Medidas preventivas: utilizar conexiones seguras como TLS/SSL, implementar certificados de servidor confiables y utilizar técnicas de verificación de integridad de mensajes.

▶ **Protocolos de red:** estos protocolos se utilizan para garantizar la seguridad de las comunicaciones a través de redes informáticas. Algunos ejemplos de protocolos de red son IPSec (Internet Protocol Security), VPN (Virtual Private Network) y SSH (Secure Shell).

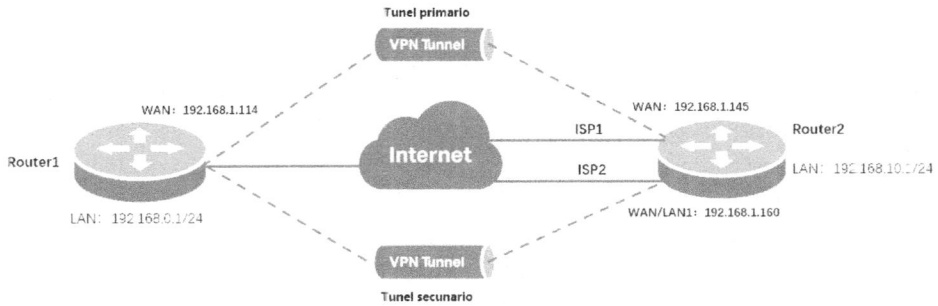

Figura 4.4. Flujo de trabajo IPSec - Fuente: *https://tp-link.com/*

Usos prácticos:

- IPSec (Internet Protocol Security): se utiliza para proteger las comunicaciones IP en redes privadas y públicas, como Internet.

- VPN (Virtual Private Network): se utiliza para crear conexiones seguras entre redes privadas a través de Internet, permitiendo el acceso remoto a recursos de forma segura.

- SSH (Secure Shell): se utiliza para establecer conexiones seguras entre computadoras y servidores, permitiendo la ejecución de comandos y la transferencia de archivos de forma segura.

Ventajas:

- Protegen la información en tránsito contra ataques de interceptación y robo de datos.

- Permiten la comunicación segura a través de redes públicas y privadas.

- Aseguran el acceso remoto a sistemas y recursos de red.

Desventajas:

- Posibilidad de disminución del rendimiento debido al uso de cifrado y descifrado.

- Requieren una configuración cuidadosa para garantizar la seguridad de la comunicación.

- Pueden resultar complejos de implementar y mantener en redes grandes y heterogéneas.

Los protocolos de red son fundamentales para garantizar la seguridad y la integridad de las comunicaciones en las redes informáticas. Sin embargo, como cualquier componente de seguridad informática, estos protocolos también pueden ser objeto de diversos ataques. A continuación, se presentan algunos de los ataques más comunes dirigidos a los protocolos de red:

1. Ataques de intermediarios (*Man-in-the-Middle*)

    Descripción: los atacantes interceptan y modifican las comunicaciones entre el cliente y el servidor para leer, alterar o inyectar datos maliciosos.

    Medidas preventivas: utilizar conexiones seguras mediante protocolos como TLS/SSL, implementar certificados de servidor confiables y utilizar técnicas de verificación de integridad de mensajes.

2. Ataques de difusión de mensajes (*Broadcast Storms*)

    Descripción: los atacantes inundan la red con un gran volumen de mensajes de difusión, lo que puede causar congestión y afectar el rendimiento de la red.

    Medidas preventivas: implementar filtros de tráfico y políticas de control de acceso para limitar la propagación de mensajes de difusión.

3. Ataques de denegación de servicio (DoS) y distribuida (DDoS)

    Descripción: los atacantes sobrecargan los recursos de la red o del servidor con tráfico malicioso, lo que resulta en la interrupción del servicio para usuarios legítimos.

    Medidas preventivas: utilizar firewalls, sistemas de detección y prevención de intrusiones (IDS/IPS) y servicios de mitigación de DDoS para proteger contra estos ataques.

4. Spoofing de dirección IP

    Descripción: los atacantes falsifican la dirección IP de origen en los paquetes de datos para hacerse pasar por un dispositivo o red confiable.

    Medidas preventivas: implementar medidas de autenticación y verificación de la fuente de los paquetes de datos, como la autenticación de IPsec y la configuración de listas de control de acceso (ACL) en los *routers*.

5. Ataques de redireccionamiento de tráfico (*ARP Poisoning*)

    Descripción: los atacantes envían mensajes de ARP falsificados para asociar direcciones IP legítimas con direcciones MAC maliciosas, lo que les permite interceptar y manipular el tráfico de red.

Medidas preventivas: utilizar protocolos de seguridad de red como DHCP *Snooping* y *Dynamic ARP Inspection* para detectar y prevenir estos de ataques.

6. Análisis de tráfico (*Traffic Analysis*)

   Descripción: los atacantes analizan patrones de tráfico de red para obtener información sobre la topología de la red, los sistemas y las actividades de los usuarios.

   Medidas preventivas: implementar cifrado de extremo a extremo con protocolos como IPSec y VPN para proteger la confidencialidad del tráfico de red.

7. Ataques de inyección de paquetes (*Packet Injection*)

   Descripción: los atacantes insertan paquetes de datos maliciosos en la red para realizar actividades como el escaneo de puertos, la interceptación de comunicaciones o la inyección de código.

   Medidas preventivas: utilizar firewalls y sistemas de detección de intrusiones para detectar y bloquear paquetes maliciosos, y mantener actualizados los sistemas para corregir vulnerabilidades conocidas.

4.1 EVALUACIÓN DEL ESTADO ACTUAL DE SEGURIDAD DE LOS ACTIVOS DE INFORMACIÓN

En esta sección, nos sumergiremos en el importante proceso de evaluar el estado actual de seguridad de los activos de información. Esta tarea es crucial en el campo de la ciberseguridad, ya que nos permite comprender la situación actual de los sistemas, identificar posibles vulnerabilidades y riesgos, y desarrollar estrategias efectivas para mitigarlos.

La evaluación del estado actual de seguridad de los activos de información es un proceso sistemático que implica la revisión y análisis de diversos componentes de un sistema de información. Esto incluye hardware, software, redes, políticas, procedimientos y controles de seguridad implementados. El objetivo principal de esta evaluación es determinar la efectividad de las medidas de seguridad existentes e identificar áreas de mejora.

Importancia de la evaluación de seguridad

La evaluación de seguridad es fundamental por varias razones:

▶ Identificación de vulnerabilidades: permite identificar posibles puntos débiles en el sistema que podrían ser explotados por atacantes.

▶ Cumplimiento normativo: ayuda a garantizar el cumplimiento de regulaciones y estándares de seguridad establecidos por organizaciones gubernamentales o de la industria.

▶ Reducción de riesgos: al identificar y abordar las vulnerabilidades, se reduce el riesgo de sufrir brechas de seguridad y ataques cibernéticos.

▶ Mejora continua: proporciona información valiosa para mejorar constantemente las medidas de seguridad y fortalecer la postura de ciberseguridad de una organización.

Pasos para la evaluación de seguridad

El proceso de evaluación de seguridad generalmente sigue los siguientes pasos:

▶ Planificación: se establece el alcance y los objetivos de la evaluación, se identifican los recursos necesarios y se desarrolla un plan detallado.

▶ Recopilación de información: se recopilan datos relevantes sobre el sistema de información, incluidos inventarios de activos, políticas de seguridad, registros de incidentes pasados y arquitectura de red.

▶ Análisis de vulnerabilidades: se utilizan herramientas y técnicas para identificar vulnerabilidades en el sistema, como escaneos de vulnerabilidades, pruebas de penetración y análisis de configuración.

▶ Evaluación de controles de seguridad: se revisan los controles de seguridad existentes para determinar su efectividad y adecuación para mitigar los riesgos identificados.

▶ Informe de resultados: se documentan los hallazgos de la evaluación, incluidas las vulnerabilidades identificadas, los riesgos asociados y las recomendaciones para mejorar la seguridad.

▶ Implementación de mejoras: se desarrollan e implementan medidas correctivas y preventivas para abordar las vulnerabilidades y mejorar la postura de seguridad general.

Herramientas y técnicas de evaluación

Existen varias herramientas y técnicas que pueden utilizarse durante el proceso de evaluación de seguridad. Algunas de las más comunes incluyen:

Escaneo de vulnerabilidades: herramientas automatizadas que identifican vulnerabilidades en sistemas y redes, como Nessus u OpenVAS.

- ▶ Pruebas de penetración: simulan ataques cibernéticos controlados para identificar puntos débiles en sistemas y redes.

- ▶ Análisis de configuración: revisión de la configuración de sistemas y dispositivos para identificar posibles brechas de seguridad debido a configuraciones incorrectas o inseguras.

- ▶ Revisión de código: análisis del código fuente de aplicaciones y software para identificar posibles vulnerabilidades y errores de programación.

- ▶ Evaluación de políticas y procedimientos: revisión de las políticas y procedimientos de seguridad de una organización para garantizar su adecuación y cumplimiento.

Caso de estudio: evaluación de la seguridad de una empresa

Para ilustrar el proceso de evaluación de seguridad, consideremos el caso de una empresa ficticia, XYZ Corp. XYZ Corp es una empresa mediana que opera en el sector financiero y maneja información confidencial de clientes.

- ▶ Paso 1: planificación

  Se establece el alcance de la evaluación, que incluirá la revisión de la red, los sistemas informáticos y las políticas de seguridad de XYZ Corp.

- ▶ Paso 2: recopilación de información

  Se recopilan inventarios de activos, diagramas de red, políticas de seguridad y registros de incidentes pasados de XYZ Corp.

- ▶ Paso 3: análisis de vulnerabilidades

  Se realizan escaneos de vulnerabilidades en la red de XYZ Corp utilizando herramientas como Nessus y se identifican varias vulnerabilidades en los sistemas y aplicaciones.

▶ Paso 4: evaluación de controles de seguridad

Se revisan los controles de seguridad existentes de XYZ Corp, incluidos firewalls, sistemas de detección de intrusiones y políticas de acceso, para determinar su efectividad.

▶ Paso 5: informe de resultados

Se documentan los hallazgos de la evaluación, incluidas las vulnerabilidades identificadas, los riesgos asociados y las recomendaciones para mejorar la seguridad de XYZ Corp.

▶ Paso 6: implementación de mejoras

Se desarrollan e implementan medidas correctivas y preventivas para abordar las vulnerabilidades identificadas y mejorar la postura de seguridad de XYZ Corp.

La evaluación del estado actual de seguridad de los activos de información es un proceso fundamental en el campo de la ciberseguridad. Proporciona una comprensión completa de la postura de seguridad de una organización y permite tomar medidas proactivas para mitigar riesgos y proteger los activos de información.

Al seguir un enfoque sistemático y utilizar las herramientas y técnicas adecuadas, las organizaciones pueden fortalecer su seguridad cibernética y protegerse de las amenazas en constante evolución en el ciberespacio.

A continuación, te comparto un *checklist* para realizar una evaluación de seguridad de activos de información. Está diseñado para ser utilizado como una guía general y puede adaptarse según las necesidades específicas de cada organización y el entorno de seguridad.

Checklist de evaluación de seguridad de activos de información

Este *checklist* puede servir como una herramienta útil para realizar una evaluación exhaustiva del estado de seguridad de los activos de información de una organización. Recuerda adaptarlo según las necesidades específicas y las regulaciones aplicables a tu entorno.

Checklist de Evaluación de Seguridad de Activos de Información

1. **Evaluación de activos**
   - Identificación de todos los activos de información, incluyendo hardware, software, datos, redes y personas asociadas.

- Documentación detallada de la ubicación física y lógica de cada activo.

- Asignación de un valor y clasificación de sensibilidad a cada activo.

- Actualización regular del inventario de activos.

2. **Políticas y procedimientos de seguridad**

   - Revisión de las políticas y procedimientos de seguridad existentes.

   - Verificación de la adecuación y cumplimiento de las políticas con estándares de seguridad establecidos.

   - Identificación de lagunas en las políticas y procedimientos y desarrollo de medidas correctivas.

3. **Acceso y control de usuarios**

   - Revisión de los controles de acceso a sistemas y datos.

   - Verificación de la autenticación de usuarios y la gestión de contraseñas.

   - Evaluación de los privilegios de acceso y la segmentación de redes.

   - Monitoreo de actividades de usuarios y auditoría de accesos.

4. **Protección de datos**

   - Verificación del cumplimiento de regulaciones de protección de datos (ej. GDPR, HIPAA).

   - Evaluación de las medidas de cifrado para datos confidenciales en reposo y en tránsito.

   - Revisión de políticas de retención de datos y disposición segura de información obsoleta.

5. **Seguridad física**

   - Inspección de medidas de seguridad física en instalaciones (ej. cámaras de seguridad, controles de acceso).

   - Evaluación de protección contra robos, incendios y desastres naturales.

   - Verificación de la seguridad de áreas de almacenamiento de equipos y servidores.

6. **Seguridad de redes y sistemas**

- Escaneo de vulnerabilidades en redes y sistemas.

- Revisión de configuraciones de firewall y detección de intrusiones.

- Evaluación de parches y actualizaciones de software.

- Análisis de registros de eventos para detección de actividades sospechosas.

7. **Concienciación y formación**

- Evaluación de programas de formación en seguridad para empleados.

- Pruebas de concienciación sobre phishing y otras amenazas cibernéticas.

- Verificación de políticas de uso aceptable de recursos de tecnología de la información.

8. **Plan de continuidad del negocio y recuperación ante desastres**

- Revisión de planes de continuidad del negocio y recuperación ante desastres.

- Evaluación de procedimientos de copias de seguridad y restauración de datos.

- Pruebas regulares de planes de contingencia y recuperación.

9. **Evaluación de terceros**

- Evaluación de la seguridad de proveedores y contratistas externos.

- Verificación del cumplimiento de políticas de seguridad por parte de terceros.

- Revisión de acuerdos contractuales relacionados con la seguridad de la información.

Esta herramienta útil para realizar una evaluación exhaustiva del estado de seguridad de los activos de información de una organización. Recuerda adaptarlo según las necesidades específicas y las regulaciones aplicables a tu entorno.

5

LOS CIBERDELITOS

¿Qué son los ciberdelitos?

Los ciberdelitos, también conocidos como delitos informáticos o delitos en el ciberespacio, son actividades ilícitas que se llevan a cabo mediante el uso de tecnologías digitales, redes informáticas y dispositivos conectados a Internet. Estos delitos aprovechan la vulnerabilidad de los sistemas informáticos y redes, y se dirigen a infraestructuras, sistemas de información, dispositivos, datos personales y otros recursos en línea.

Se caracterizan por su diversidad y su alcance global, abarcando una amplia gama de actividades delictivas como el robo de identidad, el fraude en línea, el robo de datos, el espionaje industrial, la extorsión cibernética, el ciberacoso, la distribución de malware, el phishing y los ataques de denegación de servicio, entre otros.

Los autores de estos delitos suelen estar motivados por el dinero, la venganza, el activismo político o la curiosidad intelectual, y pueden operar desde cualquier lugar del mundo.

El combate a los ciberdelitos requiere la colaboración entre gobiernos, empresas y organizaciones internacionales, así como la aplicación de medidas de prevención y protección que fortalezcan la seguridad de las redes y sistemas informáticos, la sensibilización de la población y la capacitación de equipos de seguridad informática especializados.

En esta sección, exploraremos el mundo de los ciberdelitos, un aspecto crucial en el campo de la ciberseguridad. Los ciberdelitos son actividades delictivas que involucran el uso de computadoras o redes informáticas como herramientas, objetivos o medios para cometer delitos. Es fundamental comprender los diferentes tipos de ciberdelitos, sus impactos y las medidas de prevención y respuesta necesarias para protegerse de estas amenazas en constante evolución.

Tipos de ciberdelitos

▶ Robo de datos

El robo de datos implica la obtención no autorizada de información confidencial, como números de tarjetas de crédito, contraseñas, información personal y empresarial. Este tipo de ciberdelito puede llevarse a cabo a través de ataques de phishing, malware o brechas de seguridad en sistemas informáticos.

▶ Fraude financiero

El fraude financiero en línea involucra el uso de técnicas engañosas para obtener acceso a cuentas bancarias, realizar transacciones no autorizadas o cometer estafas en línea. Esto puede incluir el phishing de datos bancarios, la clonación de tarjetas de crédito y la manipulación de sistemas de pago en línea.

▶ Sabotaje informático

El sabotaje informático implica la alteración, daño o destrucción de sistemas informáticos, redes o datos. Esto puede incluir ataques de denegación de servicio (DDoS), malware destructivo, ataques a la infraestructura crítica y el vandalismo en línea.

▶ Acoso cibernético

El acoso cibernético, también conocido como ciberacoso, implica el uso de medios electrónicos para acosar, intimidar o amenazar a individuos o grupos. Esto puede incluir el acoso en redes sociales, el envío de mensajes amenazantes o la difusión de contenido dañino en línea.

▶ Pornografía infantil

La pornografía infantil en línea implica la producción, distribución o posesión de material pornográfico que involucra a menores de edad. Es extremadamente grave y tiene consecuencias devastadoras para las víctimas involucradas.

Impacto de los ciberdelitos

Los ciberdelitos pueden tener consecuencias devastadoras para individuos, empresas y sociedades en general. Algunos de los impactos más comunes incluyen:

- **Pérdida de datos confidenciales y privacidad:** el robo o la exposición de datos confidenciales pueden tener graves repercusiones para los individuos y las organizaciones. Además de la pérdida financiera, esto puede comprometer la privacidad de las personas y exponerlas a riesgos como el robo de identidad, el acoso cibernético y la extorsión.

- **Daño a la reputación y la confianza:** la revelación de una violación de datos puede dañar gravemente la reputación y la confianza de una empresa o institución. La pérdida de confianza de los clientes y socios comerciales puede tener efectos a largo plazo en la viabilidad y el éxito de la organización, y puede ser difícil de recuperar incluso después de implementar medidas correctivas.

- **Pérdidas financieras y costos de recuperación:** los ciberdelitos pueden resultar en pérdidas financieras significativas para las organizaciones, incluyendo el costo de investigaciones forenses, notificación de víctimas, reparación de sistemas y recuperación de datos. Además, las empresas pueden enfrentar multas regulatorias y litigios de clientes afectados, lo que agrava aún más el impacto financiero.

- **Interrupción de operaciones comerciales:** los ataques cibernéticos pueden causar interrupciones graves en las operaciones comerciales, afectando la capacidad de una organización para brindar servicios, procesar transacciones y mantener la continuidad del negocio. Esto puede resultar en pérdidas de ingresos, pérdida de clientes y daños a largo plazo a la salud financiera de la empresa.

- **Trauma psicológico y emocional:** las víctimas de acoso cibernético y otros tipos de ciberdelitos pueden experimentar traumas psicológicos y emocionales significativos. El acoso en línea, el ciberbullying y otras formas de violencia digital pueden tener un impacto duradero en la salud mental y el bienestar emocional de las personas afectadas, lo que requiere apoyo y recursos adecuados para la recuperación.

- **Impacto en la seguridad nacional e infraestructura crítica:** los ciberdelitos también pueden representar una amenaza para la seguridad nacional y la estabilidad de una sociedad. Los ataques dirigidos a la infraestructura crítica, como las redes eléctricas, los sistemas de transporte y las instituciones gubernamentales, pueden tener consecuencias devastadoras para la seguridad nacional, la economía y el bienestar de la población.

Prevención y respuesta a los ciberdelitos

Medidas de prevención

- Implementar medidas de seguridad robustas: esto incluye el uso de firewalls, antivirus, sistemas de detección de intrusiones (IDS) y sistemas de prevención de intrusiones (IPS) para proteger los sistemas y redes contra amenazas cibernéticas. Por ejemplo, una empresa puede utilizar un firewall de próxima generación que inspeccione el tráfico en busca de comportamientos maliciosos y bloquee las amenazas antes de que puedan comprometer la red.
- Educación sobre prácticas seguras en línea: es crucial educar a los usuarios sobre prácticas seguras en línea, como la creación de contraseñas seguras, la verificación de la autenticidad de los correos electrónicos y la identificación de señales de phishing. Por ejemplo, una empresa puede ofrecer capacitación regular en seguridad cibernética para concienciar a los empleados sobre los riesgos y las mejores prácticas.
- Mantenimiento de software y sistemas actualizados: mantener el software y los sistemas actualizados con los últimos parches de seguridad es fundamental para mitigar vulnerabilidades conocidas y proteger contra ataques dirigidos. Por ejemplo, una organización puede implementar un programa de gestión de parches automatizado para garantizar que todos los sistemas estén actualizados de manera oportuna y eficiente.

Respuesta a incidentes

- Establecer un plan de respuesta a incidentes: es crucial contar con un plan de respuesta a incidentes bien definido que establezca roles y responsabilidades, procedimientos de notificación y escalación, y acciones específicas a seguir en caso de una emergencia cibernética. Por ejemplo, una empresa puede establecer un equipo de respuesta a incidentes que esté entrenado y listo para actuar rápidamente en caso de un ataque cibernético.
- Recopilar evidencia digital adecuada: en caso de un incidente cibernético, es importante recopilar y preservar adecuadamente la evidencia digital para apoyar la investigación y el enjuiciamiento de los perpetradores. Por ejemplo, una organización puede utilizar herramientas de análisis forense digital para recopilar registros de actividad, archivos de registro y otros datos relevantes relacionados con el incidente.

▶ Colaboración con agencias de aplicación de la ley y organizaciones de ciberseguridad: la colaboración con agencias de aplicación de la ley y organizaciones de ciberseguridad es esencial para abordar las amenazas cibernéticas de manera efectiva y llevar a los perpetradores de ciberdelitos ante la justicia. Por ejemplo, una empresa puede colaborar con el Centro de Respuesta a Incidentes Cibernéticos (CSIRT) nacional y compartir información sobre amenazas cibernéticas para mejorar la detección y la respuesta.

Ciberdelitos en España y Europa

Los ciberdelitos se han convertido en una preocupación creciente para España y la Unión Europea (UE) en los últimos años. La rápida digitalización de las sociedades europeas ha aumentado la dependencia de las tecnologías de la información y la comunicación (TIC), lo que ha generado nuevas oportunidades para los ciberdelincuentes. En este contexto, España y la UE han desarrollado estrategias y medidas para abordar los desafíos planteados por los ciberdelitos y proteger a los ciudadanos, empresas y gobiernos de las amenazas en el ciberespacio.

España

En España, la incidencia de ciberdelitos ha experimentado un aumento significativo en los últimos años. Según datos del Ministerio del Interior Español, en 2022 se registraron más de 13.000 casos de ciberdelitos, lo que representa un incremento del 72% en comparación con 2019. En respuesta a este desafío, el gobierno español ha adoptado medidas para fortalecer la lucha contra los ciberdelitos, que incluyen:

▶ El desarrollo de la Estrategia Nacional de Seguridad Cibernética de España (ENSC), que establece un marco general para la protección de los ciudadanos, las empresas y la administración pública frente a los riesgos cibernéticos.

▶ La creación de la Oficina de Seguridad del Ciberespacio (CESC), un organismo responsable de coordinar las actividades de prevención, detección y respuesta a incidentes de seguridad en el ciberespacio.

▶ La actualización del Código Penal español para incluir delitos informáticos y ciberdelitos, como el robo de identidad, la estafa en línea y el ataque a sistemas informáticos.

Unión Europea

A nivel europeo, la Unión Europea (UE) ha desarrollado un marco legal y políticas para abordar los ciberdelitos y proteger a los ciudadanos y empresas de la región. Algunas de las medidas clave incluyen:

▰ La Directiva de Seguridad de Redes y Sistemas de Información (NIS Directive), que establece requisitos de seguridad y notificación de incidentes para sectores críticos y operadores de servicios digitales en toda la UE.

▰ El Centro Europeo de Lucha contra la Delincuencia en Internet (EC3), un centro de Europol especializado en la lucha contra los ciberdelitos, que apoya a las autoridades nacionales en la investigación y prevención de delitos en el ciberespacio.

▰ La Estrategia Europea de Seguridad Cibernética (EUCSS), que define las prioridades y acciones para fortalecer la resiliencia y la cooperación en el ámbito de la seguridad cibernética en la UE.

Aquí tienes el cuadro comparativo actualizado con dos ejemplos de cada tipo de ciberdelito:

Tipo de Ciberdelito	Descripción	Ejemplos
Robo de Datos	Obtención no autorizada de información confidencial, como números de tarjetas de crédito, contraseñas y datos personales o empresariales. Puede ocurrir a través de ataques de phishing, malware o brechas de seguridad.	• Ataque de phishing para robar credenciales de inicio de sesión. Brecha de seguridad que expone información personal de los clientes de una empresa.
Fraude Financiero	Uso de técnicas engañosas para obtener acceso a cuentas bancarias, realizar transacciones no autorizadas o cometer estafas en línea. Incluye el phishing de datos bancarios, la clonación de tarjetas de crédito y la manipulación de sistemas de pago en línea.	• Estafa de phishing que solicita información bancaria a través de un correo electrónico falso. Fraude en línea que involucra la clonación de tarjetas de crédito para realizar compras fraudulentas.

Sabotaje Informático	Alteración, daño o destrucción de sistemas informáticos, redes o datos. Puede incluir ataques de denegación de servicio (DDoS), malware destructivo, ataques a la infraestructura crítica y vandalismo en línea.	• Ataque de denegación de servicio (DDoS) que paraliza un sitio web o servicio en línea. Ataque de ransomware que cifra los archivos de una empresa y exige un rescate por su liberación.
Acoso Cibernético	Uso de medios electrónicos para acosar, intimidar o amenazar a individuos o grupos. Incluye el acoso en redes sociales, el envío de mensajes amenazantes o la difusión de contenido dañino en línea.	• Ciberacoso a través de mensajes amenazantes enviados a través de las redes sociales. Difusión de contenido difamatorio sobre una persona en línea para acosarla públicamente.
Pornografía Infantil	Producción, distribución o posesión de material pornográfico que involucra a menores de edad. Este ciberdelito tiene consecuencias devastadoras y es extremadamente grave.	• Distribución de imágenes pornográficas de menores a través de redes de intercambio de archivos en línea. Producción y venta de material pornográfico infantil en foros oscuros de la web.

Este cuadro comparativo proporciona una visión general de los diferentes tipos de ciberdelitos, junto con ejemplos específicos para cada uno de ellos. Es importante entender la gravedad y las implicaciones de estos delitos, así como implementar medidas de seguridad adecuadas para protegerse contra ellos

5.1 CIBERDELITOS: ANÁLISIS DEL SISTEMA PENAL

En España, el sistema penal aborda los ciberdelitos a través de una serie de leyes y regulaciones específicas que se han ido desarrollando para hacer frente a las amenazas cibernéticas. El Código Penal español contiene disposiciones que tipifican una variedad de delitos informáticos, como el acceso ilícito a sistemas, la interceptación de comunicaciones electrónicas, el fraude informático y la difusión de virus informáticos.

A continuación, se realiza un análisis más detallado del sistema penal español en relación con los ciberdelitos:

▸ Marco legal específico:

- Código Penal: el Código Penal español ha evolucionado para incluir disposiciones específicas que tipifican una variedad de delitos informáticos. Esto abarca desde el acceso ilícito a sistemas y la interceptación de comunicaciones electrónicas hasta el fraude informático y la difusión de virus informáticos. Estas disposiciones proporcionan la base legal para enjuiciar y sancionar a los responsables de actividades delictivas en el ámbito digital.

- Ley de Servicios de la Sociedad de la Información y del Comercio Electrónico (LSSICE): esta ley regula aspectos relacionados con el comercio electrónico, la seguridad de la información y la protección de datos en línea. Define ciertos delitos informáticos y establece obligaciones para los proveedores de servicios en línea, contribuyendo así a la protección de los usuarios y la prevención de actividades ilícitas en el entorno digital.

- Ley Orgánica de Protección de Datos Personales y garantía de los derechos digitales (LOPDGDD): esta ley regula el tratamiento de datos personales y establece medidas de seguridad para proteger la privacidad en línea. Es particularmente relevante en el contexto de los ciberdelitos que implican la violación de la privacidad y el robo de datos personales, proporcionando un marco legal para la protección de la información sensible.

▸ Aplicación y enjuiciamiento:

- Unidades especializadas: España cuenta con unidades especializadas dentro de las fuerzas de seguridad y la judicatura para investigar y procesar delitos cibernéticos. La Guardia Civil y la Policía Nacional tienen unidades dedicadas a la ciberseguridad, equipadas con tecnología avanzada y personal capacitado para abordar las amenazas cibernéticas emergentes.

- Competencia judicial: la Audiencia Nacional tiene competencia para juzgar delitos relacionados con la seguridad informática y la protección de datos. Esta instancia judicial cuenta con jueces especializados en materia de delitos informáticos, lo que facilita la aplicación efectiva de la legislación pertinente y garantiza la adecuada protección de los derechos de las víctimas.

▶ Desafíos y oportunidades:

Desafíos y oportunidades adicionales:

- Coordinación interinstitucional: aunque existen unidades especializadas dentro de las fuerzas de seguridad y la judicatura, así como competencias judiciales específicas, la coordinación efectiva entre estas entidades sigue siendo un desafío. La colaboración y el intercambio de información entre las distintas instituciones son fundamentales para garantizar una respuesta integral y coordinada frente a los ciberdelitos.

- Cooperación internacional: dada la naturaleza transnacional de muchos ciberdelitos, la cooperación internacional es esencial para combatir eficazmente este tipo de delitos. España participa en diversas iniciativas y acuerdos internacionales de cooperación en materia de ciberseguridad y delitos informáticos para fortalecer la capacidad de respuesta a nivel global.

- Formación y capacitación continua: el personal encargado de investigar y enjuiciar los ciberdelitos requiere una formación y capacitación continua para mantenerse al día con las últimas tendencias y técnicas utilizadas por los delincuentes cibernéticos. La falta de recursos y programas de formación especializados puede limitar la eficacia de las unidades especializadas y obstaculizar la lucha contra los ciberdelitos.

- Adaptación a la evolución tecnológica: el rápido avance de la tecnología plantea desafíos constantes para el sistema penal en términos de adaptación y actualización de las herramientas y métodos utilizados para combatir los ciberdelitos. Es crucial invertir en tecnologías avanzadas y recursos especializados que permitan investigar y enjuiciar eficazmente las actividades delictivas en el ámbito digital.

- Protección de derechos y privacidad: si bien es fundamental combatir los ciberdelitos, también es importante garantizar el respeto de los derechos fundamentales y la protección de la privacidad de los individuos durante las investigaciones y procesos judiciales. El equilibrio entre la aplicación de la ley y la salvaguarda de los derechos individuales es un aspecto crucial que debe tenerse en cuenta en el desarrollo y aplicación de la legislación relacionada con los ciberdelitos.

- Promoción de la conciencia y educación: la promoción de la conciencia y la educación sobre ciberseguridad es fundamental para prevenir los ciberdelitos y proteger a los ciudadanos contra las amenazas en línea. Las campañas de sensibilización pública, la formación en ciberseguridad en las escuelas y la colaboración con el sector privado pueden ayudar a mejorar la resiliencia de la sociedad frente a los ciberdelitos y fomentar una cultura de seguridad cibernética.

- En conclusión, el sistema penal español ha establecido un marco legal sólido y cuenta con recursos especializados para abordar los ciberdelitos de manera efectiva. Sin embargo, enfrenta el desafío constante de mantenerse al día con la evolución de las amenazas cibernéticas y garantizar una respuesta ágil y coordinada para proteger a los ciudadanos y las instituciones contra los riesgos del ciberespacio.

6

COMO PROTEGERSE DEL INGRESO DE INTRUSOS

6.1 FUNDAMENTOS DE LA SEGURIDAD FÍSICA Y LÓGICA DE SISTEMAS

Los fundamentos de la seguridad física y lógica de sistemas son aspectos esenciales para garantizar la protección de los recursos físicos y lógicos de una organización contra amenazas y accesos no autorizados. A continuación, se desarrollarán ampliamente estos conceptos teóricos y técnicos, dirigidos a estudiantes de ciberseguridad.

¿Qué es la seguridad lógica?

La seguridad lógica es un conjunto de medidas y controles que se implementan para proteger la información digital de una organización, garantizando su confidencialidad, integridad y disponibilidad. La seguridad lógica se enfoca en la protección de los sistemas informáticos, los datos y los programas que se utilizan en una organización.

La seguridad lógica es esencial para garantizar la protección de los activos digitales de una organización, ya que estos activos son vulnerables a una amplia gama de amenazas, como el malware, los ataques de hackers, el robo de datos y la pérdida de información. La seguridad lógica se enfoca en la implementación de medidas y controles para prevenir, detectar y responder a estas amenazas.

Entre las medidas y controles de seguridad lógica más comunes se incluyen:

- **Autenticación y autorización de usuarios:** se utilizan contraseñas, tokens y otros mecanismos de autenticación para verificar la identidad de los usuarios y garantizar que solo los usuarios autorizados tengan acceso a los sistemas y datos.

- **Control de acceso:** se utilizan políticas y procedimientos para controlar el acceso a los sistemas y datos, limitando el acceso solo a los usuarios autorizados.

- **Encriptación de datos:** se utilizan algoritmos de encriptación para proteger los datos confidenciales y evitar que sean interceptados o robados.

- **Monitoreo y detección de amenazas:** se utilizan herramientas de monitoreo y detección de amenazas para detectar y responder a los ataques de hackers y otras amenazas de seguridad.

- **Actualizaciones y parches de seguridad:** se implementan actualizaciones y parches de seguridad para corregir vulnerabilidades conocidas y prevenir ataques.

La seguridad lógica de sistemas informáticos se centra en la protección de los recursos lógicos, como datos, programas y sistemas operativos, contra el acceso no autorizado, la modificación, la eliminación o la divulgación. A continuación, se presentan los conceptos clave de la seguridad lógica según estos estándares:

- Autenticación: implementación de medidas de autenticación, como contraseñas, tarjetas inteligentes, biometría y autenticación de dos factores, para garantizar que solo las personas autorizadas puedan acceder a los recursos. Además, se deben implementar políticas de contraseñas seguras y cambiarlas regularmente.

- Autorización: establecer políticas de autorización claras y basadas en roles para garantizar que los usuarios solo tengan acceso a la información y los sistemas necesarios para realizar sus tareas. Además, se deben implementar controles de acceso basados en roles y revisar periódicamente los privilegios de los usuarios.

- Encriptación: implementar algoritmos de encriptación para garantizar que solo las personas con la clave de encriptación correcta puedan acceder a los datos.

▶ Control de acceso: establecer políticas de control de acceso, como la asignación de roles y privilegios, la implementación de listas de control de acceso y la monitorización de los intentos de acceso no autorizados. Además, se deben implementar medidas de detección y prevención de intrusiones para proteger los sistemas contra ataques.

▶ Copias de seguridad y recuperación de datos: la ISO 27002 y el marco NIST recomiendan la realización de copias de seguridad periódicas de los datos y establecer procedimientos de recuperación en caso de pérdida o daño. Esto garantiza la disponibilidad y la integridad de los datos en caso de incidentes. Además, se deben realizar pruebas periódicas de restauración de datos para asegurarse de que las copias de seguridad sean efectivas.

¿Qué es la seguridad física?

La seguridad física es un componente fundamental en el ámbito de la ciberseguridad. Se refiere a las medidas y controles implementados para proteger los activos físicos de una organización, como los equipos, las instalaciones y la infraestructura, con el fin de prevenir el acceso no autorizado, el robo, el daño o la destrucción de estos activos. La seguridad física es esencial para garantizar la integridad, la disponibilidad y la confidencialidad de la información y los sistemas.

A continuación, se presentan algunos aspectos clave de la seguridad física dirigidos a estudiantes de ciberseguridad:

Definición y objetivos de la seguridad física:

▶ La seguridad física tiene como objetivo proteger a las personas, la propiedad y los activos físicos de cualquier acción o evento que pueda provocar pérdidas o daños.

▶ Los objetivos principales de la seguridad física son prevenir el acceso no autorizado, detectar y responder a incidentes de seguridad, y garantizar la continuidad del negocio.

Componentes de la seguridad física:

▶ **Control de acceso:** se refiere a las medidas implementadas para controlar quién tiene acceso a las instalaciones y los activos físicos. Esto puede incluir sistemas de cerraduras, tarjetas de acceso, biometría y vigilancia del acceso.

- **Videovigilancia:** implica el monitoreo y la supervisión de las instalaciones y los activos físicos mediante cámaras de seguridad, sistemas de alarmas y personal de seguridad.

- **Protección contra incendios:** incluye medidas para prevenir y controlar incendios, como sistemas de detección de humo, extintores y sistemas de rociadores.

- **Pruebas y simulacros**: se realizan pruebas periódicas para evaluar la efectividad de las medidas de seguridad física y garantizar su correcto funcionamiento.

Mejores prácticas de seguridad física

- Implementar un plan de seguridad física integral que aborde los riesgos específicos de la organización.

- Establecer políticas y procedimientos claros para el control de acceso, la gestión de visitantes y la protección de los activos físicos.

- Capacitar al personal sobre las medidas de seguridad física y fomentar una cultura de seguridad.

- Mantener un registro de los activos físicos y realizar inventarios regulares.

- Realizar auditorías periódicas para identificar posibles vulnerabilidades y mejorar las medidas de seguridad física.

Integración con la seguridad lógica

- La seguridad física y la seguridad lógica están estrechamente relacionadas y deben trabajar en conjunto para garantizar una protección integral de los sistemas y la información.

- La seguridad lógica se refiere a las medidas y controles implementados en los sistemas informáticos para proteger la información y prevenir el acceso no autorizado.

- La integración de la seguridad física y la seguridad lógica implica la implementación de controles de acceso físico y lógico, la protección de los sistemas informáticos contra amenazas físicas y cibernéticas, y la coordinación entre los equipos de seguridad física y seguridad de la información.

La ISO 27002 y el marco de ciberseguridad NIST establecen directrices y mejores prácticas para la implementación de medidas de seguridad física en los sistemas informáticos. A continuación, se presentan los conceptos clave de la seguridad física según estos estándares:

▸ **Acceso físico restringido:** es fundamental restringir el acceso físico a los recursos de una organización solo a personas autorizadas. Esto se puede lograr mediante medidas como cerraduras, tarjetas de acceso y sistemas de control de acceso. Además, la ISO 27002 y el marco NIST recomiendan la implementación de medidas de seguridad física adicionales, como la vigilancia y el monitoreo de los recursos físicos, la protección contra desastres y la implementación de políticas de seguridad física.

▸ **Vigilancia y monitoreo:** la ISO 27002 y el marco NIST recomiendan la instalación de cámaras de seguridad y sistemas de monitoreo para detectar y prevenir actividades sospechosas o no autorizadas. Estos sistemas deben ser monitoreados de manera constante para garantizar una respuesta rápida ante cualquier incidente. Además, se pueden utilizar sistemas de detección de intrusos para identificar intentos de acceso no autorizados.

▸ **Protección contra desastres:** la ISO 27002 y el marco NIST recomiendan la implementación de medidas de protección contra desastres naturales, como incendios, inundaciones y terremotos. Esto implica la implementación de sistemas de extinción de incendios, sistemas de alimentación ininterrumpida (UPS) y la realización de copias de seguridad en ubicaciones seguras. Además, se deben establecer planes de continuidad del negocio en caso de desastres.

▸ **Políticas de seguridad física:** la ISO 27002 y el marco NIST recomiendan establecer políticas y procedimientos claros relacionados con la seguridad física. Estas políticas deben incluir la asignación de responsabilidades, la capacitación del personal y la realización de auditorías periódicas para garantizar el cumplimiento de las medidas de seguridad. Además, se deben establecer controles de acceso físico y llevar un registro de las personas que acceden a los recursos físicos.

Implementación de medidas de seguridad física y lógica a nivel empresarial

El Marco de Ciberseguridad del NIST es una guía útil para implementar medidas de seguridad física y lógicas a nivel empresarial. Este marco se divide en cinco áreas: identificación, protección, detección, respuesta y recuperación. A continuación, se presentan algunas estrategias para implementar medidas de seguridad en cada una de estas áreas, basadas en el Marco de Ciberseguridad del NIST:

▶ **Identificación**

- Realizar un inventario de todos los equipos, programas y datos que se utilizan en la empresa.

- Identificar los riesgos y amenazas potenciales para los sistemas y la información de la empresa.

- Desarrollar un plan de respuesta a incidentes de seguridad para estar preparados en caso de un ataque cibernético.

▶ **Protección**

- Implementar medidas de control de acceso físico y lógico para limitar el acceso no autorizado a los sistemas y la información de la empresa.

- Utilizar técnicas de encriptación para proteger la información confidencial de la empresa.

- Mantener los sistemas y el software actualizados con las últimas actualizaciones de seguridad para protegerlos contra posibles vulnerabilidades.

▶ **Detección**

- Implementar sistemas de detección de intrusiones y monitoreo de la actividad de los usuarios para detectar posibles amenazas.

- Establecer alertas y notificaciones para informar sobre posibles incidentes de seguridad.

▶ **Respuesta**

- Desarrollar un plan de respuesta a incidentes de seguridad para estar preparados en caso de un ataque cibernético.

- Establecer un equipo de respuesta a incidentes de seguridad para coordinar la respuesta a posibles amenazas.

▼ **Recuperación**

- Desarrollar un plan de recuperación de desastres para restaurar los sistemas y la información de la empresa en caso de un ataque cibernético.

- Realizar copias de seguridad regulares de los datos críticos de la empresa para poder restaurarlos en caso de una pérdida de datos.

En escenarios más complejos, las empresas pueden considerar la implementación de medidas de seguridad avanzadas, tales como:

▼ **Segmentación de redes:** la segmentación de redes es una técnica que divide la red en subredes más pequeñas y controla el tráfico de entrada y salida a cada una de ellas. Esto evita que las personas no autorizadas accedan a la información financiera y protege la red de posibles ataques. La segmentación de redes puede ser implementada a nivel físico o lógico. A nivel físico, se utilizan dispositivos como firewalls para dividir la red en subredes. A nivel lógico, se pueden crear subredes a través de redes de área local virtuales (VLAN) o esquemas de direccionamiento de red. Algunas herramientas que pueden ser utilizadas para la segmentación de redes son: firewalls, *routers*, *switches*, VLAN, entre otros.

▼ **Monitorización de la actividad de los usuarios:** la monitorización de la actividad de los usuarios es una técnica que permite detectar posibles amenazas y actividades sospechosas en la red. Esto se logra mediante la recolección y análisis de datos de actividad de los usuarios en la red. Algunas herramientas que pueden ser utilizadas para la monitorización de la actividad de los usuarios son: software de monitoreo de red, software de monitoreo de actividad de usuario, entre otros.

▼ **Implementación de sistemas de detección y respuesta de amenazas:** los sistemas de detección y respuesta de amenazas son herramientas que permiten detectar y responder a posibles amenazas en la red. Estos sistemas utilizan técnicas de inteligencia artificial y aprendizaje automático para identificar patrones de comportamiento sospechosos y alertar al equipo de seguridad. Algunas herramientas que pueden ser utilizadas para la implementación de sistemas de detección y respuesta de amenazas son: software de análisis de seguridad, software de detección de intrusiones, entre otros.

▸ **Contratar a especialistas externos en seguridad informática:** las empresas pueden contratar a especialistas externos en seguridad informática para realizar evaluaciones de riesgos y auditorías de seguridad para identificar posibles vulnerabilidades y desarrollar estrategias de mitigación. Estos especialistas pueden ayudar a la empresa a implementar medidas de seguridad avanzadas y a mantenerse actualizados en cuanto a las últimas tendencias y amenazas en seguridad informática.

6.2 DETERMINACIÓN DE LOS PARÁMETROS DE SEGURIDAD FÍSICA

La determinación de los parámetros de seguridad física es un aspecto fundamental para garantizar la protección de los recursos físicos de la empresa, como el hardware y las instalaciones, y prevenir posibles amenazas. A continuación, se presentan algunos casos de uso, ejemplos prácticos y herramientas fundamentales para su implantación, basados en los resultados de la búsqueda:

▸ **Identificación de los lugares y áreas de trabajo:** el primer paso para determinar los parámetros de seguridad física es identificar los lugares y áreas de trabajo que deben ser protegidos. Esto incluye las instalaciones, los edificios, las áreas públicas y dentro de la empresa, las áreas de trabajo y las áreas de entrega y de carga.

Una vez identificados, se deben definir los requisitos adecuados de protección según lo definido por un análisis y evaluación de riesgos para cada uno de los elementos del entorno físico.

▸ **Establecimiento de perímetros de seguridad:** el establecimiento de perímetros de seguridad y áreas protegidas facilita la implementación de controles de protección de las instalaciones de procesamiento de información crítica o sensible de la organización, contra accesos físicos no autorizados.

Algunas herramientas que pueden ser utilizadas para el establecimiento de perímetros de seguridad son: cámaras de seguridad, sistemas de alarmas, sistemas de control de acceso, entre otros.

▸ **Controles de acceso físico:** los controles de acceso físico son medidas que permiten regular, supervisar y gestionar el acceso a las instalaciones y áreas de trabajo. Esto implica una categorización de los espacios del edificio en restringido, privado o público.

Se deben establecer diferentes niveles de control de acceso para restringir las zonas a las que cada colaborador puede ingresar según el cargo y las funciones que desempeñe. Algunas herramientas que pueden ser utilizadas para los controles de acceso físico son: tarjetas de acceso, lectores de huellas dactilares, cámaras de seguridad, entre otros.

▶ **Protección contra amenazas externas y del ambiente:** las empresas deben proteger sus instalaciones y recursos físicos contra posibles amenazas externas y del ambiente, como desastres naturales, incendios, inundaciones, entre otros.

Para ello, se pueden implementar medidas de protección como sistemas de detección de incendios, sistemas de protección contra inundaciones, sistemas de protección contra rayos, entre otros.

▶ **Control de personal:** el control de personal es una medida que permite garantizar que solo el personal autorizado dispone de permiso de acceso a las áreas seguras. Esto se logra mediante la implementación de controles de entrada adecuados para garantizar que solo el personal autorizado dispone de permiso de acceso.

Algunas herramientas que pueden ser utilizadas para el control de personal son: tarjetas de acceso, lectores de huellas dactilares, cámaras de seguridad, entre otros.

Para implementar las mejores prácticas en la identificación de los lugares y áreas de trabajo que deben ser protegidos, se pueden considerar las siguientes estrategias:

▶ **Realizar un análisis y evaluación de riesgos:** este proceso permitirá identificar los riesgos y amenazas a los que están expuestos los lugares y áreas de trabajo, y definir los requisitos adecuados de protección para cada uno de los elementos del entorno físico.

▶ **Categorización de los espacios del edificio:** es importante establecer diferentes niveles de control de acceso para restringir las zonas a las que cada colaborador puede ingresar según el cargo y las funciones que desempeñe. Esto implica una categorización de los espacios del edificio en restringido, privado o público.

▶ **Implementar sistemas de control de acceso:** para garantizar la seguridad física de los lugares y áreas de trabajo, se deben implementar sistemas de control de acceso adecuados. Algunas herramientas que pueden ser utilizadas para los controles de acceso físico son: tarjetas de acceso, lectores de huellas dactilares, cámaras de seguridad, entre otros.

▶ **Establecer perímetros de seguridad:** el establecimiento de perímetros de seguridad y áreas protegidas facilita la implementación de controles de protección de las instalaciones de procesamiento de información crítica o sensible de la organización, contra accesos físicos no autorizados.

Algunas herramientas que pueden ser utilizadas para el establecimiento de perímetros de seguridad son: cámaras de seguridad, sistemas de alarmas, sistemas de control de acceso, entre otros.

▶ **Protección contra amenazas externas y del ambiente:** las empresas deben proteger sus instalaciones y recursos físicos contra posibles amenazas externas y del ambiente, como desastres naturales, incendios, inundaciones, entre otros.

Para ello, se pueden implementar medidas de protección como sistemas de detección de incendios, sistemas de protección contra inundaciones, sistemas de protección contra rayos, entre otros.

▶ **Control de personal:** es importante implementar controles de entrada adecuados para garantizar que solo el personal autorizado dispone de permiso de acceso. Algunas herramientas que pueden ser utilizadas para el control de personal son: tarjetas de acceso, lectores de huellas dactilares, cámaras de seguridad, entre otros.

6.3 PROTECCIÓN DE LA INFRAESTRUCTURA FÍSICA

La seguridad física de infraestructuras se refiere a la protección de los sistemas y activos críticos contra amenazas físicas y cibernéticas. Esta práctica implica el uso de capas de sistemas, como la vigilancia por circuito cerrado de televisión, las múltiples cerraduras, el control de acceso, la protección contra incendios, etc., para mantener alejadas a las personas no autorizadas y proteger la seguridad y el bienestar de las personas y los bienes. Algunas de las características y aspectos relacionados con la seguridad física de infraestructuras son:

La seguridad física implica el uso de múltiples capas de sistemas para proteger los sistemas y activos críticos contra amenazas físicas y cibernéticas.

Los tres componentes principales de la seguridad física son el control de acceso, la vigilancia y las pruebas.

▶ La implementación, la mejora y el mantenimiento son necesarios para garantizar el éxito continuo de un programa de seguridad de la infraestructura física.

▶ La seguridad física es diferente de la seguridad lógica, que se refiere a la protección de los datos y sistemas informáticos contra accesos no autorizados y otros riesgos informáticos.

▶ La implementación de indicadores de cumplimiento puede ayudar a prevenir futuros ataques y mejorar la seguridad física de las infraestructuras tecnológicas.

En el campo de la seguridad informática, la protección de la infraestructura física es crucial para garantizar la confidencialidad, integridad y disponibilidad de los sistemas de información. Las medidas de seguridad física están diseñadas para salvaguardar los componentes físicos de la infraestructura de TI de una organización, incluidos servidores, equipos de red, centros de datos y otros activos críticos.

Estas tienen como objetivo evitar el acceso no autorizado, el robo, el daño o la interrupción de la infraestructura física. La protección de la infraestructura física es un aspecto fundamental de la seguridad informática. Para ajustarse a las prácticas recomendadas y las obligaciones organizativas o normativas, como las establecidas por NIST e ISO 27000, es necesario implementar metodologías de control, como la profundidad en defensa.

A continuación, se detallan algunas de las medidas que se pueden tomar para proteger la infraestructura física:

Mecanismos de control de acceso

Los mecanismos de control de acceso juegan un papel vital en la protección de la infraestructura física. Se aseguran de que solo las personas autorizadas tengan acceso a áreas y equipos sensibles. Estos son algunos mecanismos comunes de control de acceso:

▶ **Controles de acceso físico :** esto incluye medidas como puertas cerradas, guardias de seguridad, cámaras de vigilancia y sistemas biométricos (escáneres de huellas dactilares, reconocimiento facial, etc.) para restringir el acceso solo al personal autorizado.

▶ **Gestión de visitantes :** la implementación de procedimientos de gestión de visitantes, como la emisión de credenciales de visitante y el escolta de visitantes, ayuda a monitorear y controlar el acceso a áreas restringidas.

▶ **Autenticación y autorización :** la implementación de mecanismos sólidos de autenticación, como tarjetas inteligentes o tarjetas de proximidad, combinadas con políticas de autorización adecuadas, garantiza que solo las personas autorizadas puedan acceder a áreas o equipos confidenciales.

Controles ambientales

Los controles ambientales son esenciales para proteger la infraestructura física de los peligros ambientales que pueden causar daños o interrupciones. Estos son algunos controles ambientales clave:

▶ **Control de temperatura y humedad:** el mantenimiento de niveles óptimos de temperatura y humedad en los centros de datos y las salas de servidores evita el sobrecalentamiento de los equipos y reduce el riesgo de fallos en el hardware.

▶ **Sistemas de supresión de incendios :** la instalación de sistemas de detección y supresión de incendios, como detectores de humo, alarmas contra incendios y rociadores automáticos, ayuda a minimizar el riesgo de daños relacionados con incendios.

▶ **Sistemas de respaldo de energía:** la implementación de sistemas de suministro de energía ininterrumpida (UPS) y generadores de respaldo garantiza un suministro de energía continuo, protegiendo contra cortes de energía y fluctuaciones de voltaje.

Gestión de activos físicos

La gestión adecuada de los activos físicos es crucial para proteger la infraestructura. Implica mantener un inventario de todos los activos físicos, rastrear su ubicación e implementar medidas para evitar robos o pérdidas. Estos son algunos aspectos clave de la gestión de activos físicos:

▶ **Identificación y etiquetado de activos :** la asignación de identificadores y etiquetas únicos a los activos físicos ayuda a rastrear su ubicación y propiedad.

▶ **Seguimiento y monitoreo de activos:** la implementación de sistemas de seguimiento de activos, como RFID (identificación por radiofrecuencia) o sistemas de código de barras, permite a las organizaciones monitorear el movimiento y el estado de los activos.

- **Almacenamiento seguro :** el almacenamiento de equipos y medios críticos en gabinetes, cajas fuertes o centros de datos seguros con acceso restringido ayuda a evitar el robo o el acceso no autorizado.

Recuperación ante desastres y continuidad empresarial

Además de proteger la infraestructura física, las organizaciones deben contar con planes sólidos de recuperación ante desastres y continuidad del negocio. Estos planes garantizan que, en caso de falla o desastre de la infraestructura física, las operaciones se puedan restaurar rápidamente y los sistemas críticos puedan continuar funcionando. Los elementos clave de la recuperación ante desastres y la continuidad del negocio incluyen:

- **Copia de seguridad de datos y almacenamiento externo :** la copia de seguridad periódica de los datos críticos y el almacenamiento de copias de seguridad en ubicaciones externas protegen contra la pérdida de datos debido a fallas o desastres de la infraestructura física.
- **Redundancia y sistemas de conmutación por error :** la implementación de sistemas redundantes y mecanismos de conmutación por error garantiza que si un componente falla, otro puede tomar el control sin problemas, lo que minimiza el tiempo de inactividad.
- **Respuesta a emergencias y gestión de incidentes :** establecer procedimientos y protocolos claros para responder a incidentes de infraestructura física, como desastres naturales o brechas de seguridad, ayuda a mitigar el impacto y facilita una recuperación rápida.

El **pentesting**, o test de penetración, puede ayudar a reforzar las medidas de protección física de una infraestructura tecnológica en una instalación de varias maneras:

- **Identificación de vulnerabilidades:** durante el pentesting, se lleva a cabo una evaluación exhaustiva de la infraestructura tecnológica para identificar posibles vulnerabilidades y puntos débiles en las medidas de protección física. Esto puede incluir la identificación de puertas o áreas de acceso no seguras, sistemas de seguridad obsoletos o mal configurados, o cualquier otra brecha que pueda ser aprovechada por un atacante.
- **Evaluación de la eficacia de las medidas de protección física**: el pentesting permite evaluar la eficacia de las medidas de protección física existentes en la infraestructura tecnológica. Esto incluye evaluar

la capacidad de los sistemas de seguridad, como cámaras de vigilancia, sistemas de control de acceso y alarmas, para detectar y prevenir intrusiones. Si se identifican deficiencias, se pueden tomar medidas correctivas para fortalecer la seguridad física.

▶ **Prueba de respuesta a incidentes:** durante el pentesting, se simulan ataques y se evalúa la capacidad de respuesta de la organización ante estos incidentes. Esto incluye la capacidad de los equipos de seguridad para detectar y responder a intrusiones, así como la eficacia de los aviones de contingencia y de recuperación ante desastres. Esta prueba ayuda a identificar áreas de mejora y fortalecer la capacidad de respuesta ante incidentes reales.

▶ **Recopilación de información para la toma de decisiones:** la información recopilada durante el pentesting, incluidas las vulnerabilidades identificadas y las recomendaciones de mejora, puede ser utilizada por los responsables de la infraestructura tecnológica para tomar decisiones informadas sobre la implementación de medidas de protección física. Esto puede incluir la disposición de recursos para mejorar los sistemas de seguridad, la actualización de políticas y procedimientos, y la capacitación del personal.

Existen varios casos exitosos donde el pentesting ha ayudado a reforzar la seguridad física de la infraestructura tecnológica en una instalación. A continuación, se presentan algunos ejemplos:

▶ En 2019, el Departamento de Defensa de los Estados Unidos llevó a cabo una prueba de penetración en sus sistemas de seguridad física. La prueba identificó varias vulnerabilidades en los sistemas de control de acceso y en los sistemas de vigilancia. Como resultado, se tomaron medidas para mejorar la seguridad física de las instalaciones.

▶ En 2018, una empresa de servicios financieros en España llevó a cabo una prueba de penetración en sus instalaciones. La prueba identificó varias vulnerabilidades en los sistemas de control de acceso y en los sistemas de vigilancia. Como resultado, se tomaron medidas para mejorar la seguridad física de las instalaciones.

▶ En 2017, una empresa de tecnología en los Estados Unidos llevó a cabo una prueba de penetración en sus instalaciones. La prueba identificó varias vulnerabilidades en los sistemas de control de acceso y en los sistemas de vigilancia. Como resultado, se tomaron medidas para mejorar la seguridad física de las instalaciones.

Según el marco *NIST Cybersecurity Framework*, existen varios ejercicios y simulacros que deben realizarse y la frecuencia de ejecución para garantizar la seguridad física de las infraestructuras tecnológicas en una Pyme. Algunos de ellos son:

▶ **Evaluaciones de riesgos:** realizar evaluaciones de riesgos periódicos para identificar las amenazas y vulnerabilidades físicas que afectarían la infraestructura tecnológica. Estas evaluaciones ayudan a comprender los riesgos y a priorizar las medidas de protección física.

▶ **Pruebas de penetración física:** realizar pruebas de penetración física para evaluar la eficacia de las medidas de seguridad física existentes. Estas pruebas pueden incluir intentos de acceso no autorizado, manipulación de sistemas de control de acceso y evaluación de la resistencia de las barreras físicas.

▶ **Simulacros de incidentes:** realice simulacros de incidentes para evaluar la capacidad de respuesta ante situaciones de seguridad física, como intrusiones, robos o desastres naturales. Estos simulacros ayudan a identificar áreas de mejora y fortalecer los procedimientos de respuesta.

▶ **Capacitación y concientización:** proporcionar capacitación regular a los empleados sobre las mejores prácticas de seguridad física, incluyendo la importancia de proteger los activos físicos y reportar cualquier actividad sospechosa. La concientización del personal es fundamental para mantener una cultura de seguridad sólida.

Es importante tener en cuenta que la frecuencia de ejecución de estos ejercicios puede variar según las necesidades y características de cada organización. En el caso de una Pyme, se recomienda realizar estas actividades al menos una vez al año.

Es importante destacar que la frecuencia de los ejercicios y simulacros puede variar según las necesidades y características de cada organización. La implementación de estos ejercicios y simulacros es esencial para garantizar la seguridad física de las infraestructuras tecnológicas y reducir el riesgo de ataques y brechas de seguridad.

Al establecer la frecuencia de ejecución de ejercicios y simulacros según el *NIST Cybersecurity Framework*, se deben considerar los siguientes factores:

- **Riesgos y amenazas:** si la organización se encuentra en un sector de alto riesgo o ha experimentado incidentes de seguridad en el pasado, se pueden requerir ejercicios y simulacros más frecuentes.

- **Cambios en la infraestructura:** ante cambios significativos en la infraestructura, se deben realizar ejercicios y simulacros para evaluar la eficacia de las medidas de seguridad física existentes.

- **Cambios en las políticas y procedimientos:** por cambios significativos en las políticas y procedimientos, se deben realizar ejercicios y simulacros para evaluar la eficacia de las medidas de seguridad física existentes.

- **Capacitación y concientización:** Al ser contratado un nuevo personal o se han producido cambios en los roles y responsabilidades, se deben realizar ejercicios y simulacros para garantizar que el personal esté al tanto de las políticas y procedimientos de seguridad física.

6.4 PROTECCIÓN LÓGICA DE SISTEMAS

¿Qué es la seguridad lógica?

La seguridad lógica se refiere a la protección de los datos y sistemas informáticos contra accesos no autorizados y otros riesgos informáticos. Esta práctica implica la aplicación de mecanismos y barreras para mantener el resguardo y la protección de los datos y sistemas informáticos. Algunos de los aspectos relacionados con la seguridad lógica son:

- La seguridad lógica se encarga de garantizar la confidencialidad, disponibilidad e integridad de la información digital que manejan las empresas.

- La seguridad lógica afecta a los programas, procesos y gestión de datos.

- La seguridad lógica protege el software informático al desalentar el exceso de usuarios mediante la implementación de identificaciones de usuario, contraseñas, autenticación, biometría y tarjetas inteligentes.

- La seguridad lógica se sustenta sobre tres fundamentos básicos que no deben pasar desapercibidos a la hora de desarrollarla, gestionarla y mantenerla. Se trata de los aspectos que explican la existencia del concepto y se centran en las posibilidades de ataque, en la validez de los datos y en la pertinencia de los mecanismos utilizados para la protección.

La seguridad lógica es indispensable para cualquier negocio que guarde y gestione información de manera digital.

¿Cuáles son sus objetivos?

La seguridad lógica tiene como principales objetivos:

- **Restricción del acceso:** la seguridad lógica busca operar el acceso a los programas y archivos, asegurando que solamente los usuarios autorizados tengan acceso a la información.

- **Uso seguro y correcto:** la seguridad lógica busca asegurar que se estén utilizando los programas y archivos de manera adecuada, impidiendo el mal uso de la información.

- **Disminución de riesgos:** la seguridad lógica busca minimizar los riesgos asociados con el uso de la tecnología de información, como la pérdida de datos, la interrupción del servicio y el acceso no autorizado.

- **Minimización de los daños:** la seguridad lógica busca minimizar los daños en caso de que ocurra una brecha de seguridad, como la pérdida de datos o la interrupción del servicio.

La seguridad lógica es un aspecto fundamental de la seguridad informática que busca proteger los datos y sistemas informáticos contra accesos no autorizados y otros riesgos informáticos. Algunos de los aspectos relacionados con la seguridad lógica son:

Privacidad, integridad, disponibilidad y confirmación

- La privacidad se refiere a la protección de la información personal y confidencial de los usuarios.

- La integridad se refiere a la protección de la información contra modificaciones no autorizadas.

- La disponibilidad se refiere a la capacidad de los sistemas y datos para estar disponibles cuando se necesiten.

- La confirmación se refiere a la capacidad de los sistemas para confirmar la identidad de los usuarios y la autenticidad de los datos.

Principales brechas en la seguridad lógica

▶ **Malware:** programas maliciosos que se introducen en los sistemas informáticos para dañarlos o robar información.

▶ **Programas no testeados:** programas que no han sido probados adecuadamente antes de su implementación, lo que puede llevar a errores y vulnerabilidades.

▶ **Errores del usuario:** errores cometidos por los usuarios al utilizar los sistemas informáticos, como la introducción de contraseñas débiles o la apertura de correos electrónicos sospechosos.

▶ **Errores del operador:** errores cometidos por los responsables del software, como la falta de actualización de software o la falta de gestión de parches.

▶ **Mal uso de la tecnología:** uso inadecuado de la tecnología, como la descarga de software no autorizada o la navegación por páginas no permitidas.

▶ **Fraudes:** engaños realizados por personas malintencionadas para obtener información confidencial o acceso no autorizado a los sistemas informáticos.

▶ **Accesos internos no autorizados:** accesos no autorizados realizados por personas que ya tienen acceso a los sistemas informáticos.

▶ **Accesos externos no autorizados:** accesos no autorizados realizados por personas que no tienen acceso a los sistemas informáticos.

▶ **Controles de acceso lógico:** medidas de seguridad que restringen el acceso a los programas y archivos.

Diferencias entre seguridad física y lógica de los sistemas de información

▶ La seguridad física se refiere a la protección de los sistemas y activos críticos contra amenazas físicas y cibernéticas.

▶ La seguridad lógica se refiere a la protección de los datos y sistemas informáticos contra accesos no autorizados y otros riesgos informáticos.

➤ Diferencias entre seguridad de la información y ciberseguridad:

➤ La seguridad de la información se refiere a la protección de la información en todas sus formas, incluida la protección de los datos y sistemas informáticos.

➤ La ciberseguridad se refiere a la protección de los sistemas informáticos y las redes contra ataques cibernéticos.

¿Por qué es tan importante la seguridad lógica para las empresas?

La seguridad lógica es un aspecto fundamental para las empresas, ya que garantiza el resguardo de la información que se maneja en la organización. Algunos de los factores que hacen que la seguridad lógica sea tan importante para las empresas son:

➤ **Protección de la información:** la seguridad lógica se trata de un conjunto de medidas implementadas para garantizar el resguardo de la información que se maneja en una empresa. La información no siempre se limita a los asuntos relacionados con sus actividades u operaciones, sino que puede incluir datos financieros o de los clientes, con la confidencialidad que eso exige. Su exposición podría ocasionar problemas legales y sanciones económicas, además de afectar la credibilidad y reputación de la compañía.

➤ **Objetivos de la seguridad lógica:** en el ámbito de los negocios y la empresa, la seguridad lógica debe tener un alto nivel de protección para garantizar la privacidad, integridad, disponibilidad y confirmación de los datos y sistemas informáticos.

➤ **Protección contra amenazas:** la seguridad lógica es indispensable para cualquier negocio que guarde y gestione información de manera digital. Cada vez más, las empresas optan por establecer políticas rigurosas en esta materia e incluso contratar especialistas para desarrollar soluciones de acuerdo con sus necesidades. La seguridad lógica ayuda a proteger los sistemas informáticos y los datos digitales de amenazas como malware, programas no testeados, errores del usuario, errores del operador, mal uso de la tecnología, fraudes, accesos internos y externos no autorizados, entre otros.

¿Qué medidas aplicar para mejorar la seguridad lógica?

Las políticas de seguridad corporativa son un conjunto de directrices y procedimientos que se fundamentan para garantizar la seguridad lógica de la empresa. Algunas medidas que se pueden aplicar para mejorar la seguridad lógica son:

▶ **Controles de acceso:** establecer contraseñas seguras, autenticación de dos factores y solicitar permisos de acceso según el rol del empleado. Ejemplo: implementar un sistema de autenticación de dos factores para acceder a los sistemas internos de la empresa, donde los empleados deben proporcionar una contraseña y un código generado en su dispositivo móvil.

▶ **Monitoreo de la actividad:** realice un monitoreo constante de la actividad en los sistemas para detectar cualquier actividad sospechosa o inusual. Ejemplo: utilizar sistemas de detección de intrusiones que monitorean el tráfico de red en busca de patrones de comportamiento anormales o intentos de acceso no autorizados.

▶ **Actualizaciones y parches:** mantenga los sistemas actualizados con las últimas actualizaciones y parches de seguridad para evitar vulnerabilidades conocidas. Ejemplo: implementar un proceso de actualización regular que incluya la instalación de parches de seguridad y actualizaciones de software en todos los sistemas de la empresa.

▶ **Capacitación y concientización:** proporcionar capacitación regular a los empleados sobre las mejores prácticas de seguridad lógica. Ejemplo: realizar sesiones de capacitación periódica para educar a los empleados sobre cómo identificar correos electrónicos de phishing y cómo proteger la información confidencial de la empresa.

▶ **Políticas de seguridad:** establecer políticas de seguridad clara y concisa que aborden los riesgos específicos de la empresa y las mejores prácticas de seguridad lógica. Ejemplo: implementar una política de contraseñas que requieren contraseñas fuertes y su cambio regular, así como la prohibición de compartir contraseñas con otros empleados.

Es importante destacar que estas medidas deben ser adaptadas a las necesidades y características específicas de cada empresa. La implementación de políticas de seguridad corporativa y medidas de seguridad lógica es esencial para garantizar la protección de la información y reducir el riesgo de ataques y brechas de seguridad.

El marco *NIST Cybersecurity Framework* no establece una frecuencia específica para la ejecución de controles técnicos, ejercicios y simulacros en una Pyme para garantizar la seguridad lógica de sus sistemas informáticos. Sin embargo, se recomienda que estas actividades se realicen de manera regular y periódica para mantener la eficacia de las medidas de seguridad lógica. Algunas recomendaciones generales son:

¿Cómo aplicar controles técnicos de forma eficiente?

Para garantizar la seguridad lógica de los sistemas informáticos de una empresa, según el marco *NIST Cybersecurity Framework*, se recomienda realizar los siguientes controles técnicos, ejercicios y simulacros de forma continua:

▶ **Controles técnicos:**

- **Implementación de firewalls:** configurar y mantener firewalls para controlar el tráfico de red y proteger los sistemas contra accesos no autorizados. Para implementar medidas de seguridad lógica en una empresa, se requieren herramientas específicas que permitan proteger los sistemas y activos críticos contra amenazas físicas y cibernéticas. A continuación, se presentan algunas herramientas necesarias para llevar a cabo estas actividades:

  - **Firewalls de red:** permiten controlar el tráfico de red y proteger los sistemas contra accesos no autorizados, de libre descarga como Pfsense, OPNsense, Endian Firewal, Fortinet, Cisco ASA o Check Point.

  - **Firewalls de aplicaciones:** permiten proteger las aplicaciones web contra ataques, como Cloudflare, HubSpot, AWS, F5 Networks, Fortiweb, o Imperva.

- **Uso de antivirus, antimalware y filtros phishing:** instalar y actualizar periódicamente software antivirus y antimalware en todos los dispositivos para detectar y eliminar amenazas de seguridad. Por ejemplo:

  - **Software antivirus y antimalware:** permiten detectar y eliminar amenazas de seguridad, como Norton o McAfee.

  - **Filtros de correo electrónico:** permiten detectar y bloquear correos electrónicos de phishing, como Proofpoint o Mimecast.

- **Configuración segura de sistemas y aplicaciones:** aplicar configuraciones seguras en sistemas operativos, aplicaciones y servicios para ampliar cobertura ante vulnerabilidades conocidas. Ejemplo:

– **Herramientas de gestión de configuración:** permiten aplicar configuraciones seguras en sistemas operativos, aplicaciones y servicios, como Ansible o Puppet.

▶ **Ejercicios y simulacros:**

- **Pruebas de penetración:** realizar pruebas de penetración para evaluar la resistencia de los sistemas y detectar posibles brechas de seguridad.

- **Simulacros de incidentes:** realice simulacros de incidentes para evaluar la capacidad de respuesta ante situaciones de seguridad, como ataques cibernéticos o brechas de datos.

Para llevar a cabo ejercicios y simulacros de forma efectiva y continua en una empresa, se requieren herramientas específicas que puedan evaluar la resistencia de los sistemas y detectar posibles brechas de seguridad. A continuación, se presentan algunas herramientas necesarias para llevar a cabo estas actividades:

- **Herramientas de escaneo de vulnerabilidades:** permiten identificar vulnerabilidades en los sistemas y aplicaciones, como Nessus, OpenVAS, OWASP ZAP, Qualys, Nikto, Sqlmap, Rapid7 Nexpose entre otras disponibles en repositorios públicos y en el mercado.

- **Herramientas de explotación de vulnerabilidades:** permiten explotar las vulnerabilidades identificadas para evaluar su impacto en el sistema, como Metasploit o Core Impact o Burpsuite.

Estas medidas deben ser adaptadas a las necesidades y características específicas de cada empresa. Además, es importante mantenerse actualizado con las últimas recomendaciones estándares de seguridad lógica proporcionadas por el marco *NIST Cybersecurity Framework*.

A continuación se presenta una lista de verificación básica para pruebas de penetración a sistemas:

▶ Identificar los objetivos y alcance de la prueba de penetración.

▶ Revisar la arquitectura del sistema y comprender su función.

▶ Realice un análisis de vulnerabilidades y una evaluación de seguridad.

▶ Uso de herramientas de escaneo de puertos como Nmap para identificar servicios y puertos abiertos.

▶ Usar herramientas de descifrado de contraseñas como *John the Ripper* para descifrar contraseñas.

▶ Uso de herramientas de prueba de penetración para aplicaciones web como Burp Suite para interceptar y modificar el tráfico de red.

▶ Uso de herramientas de prueba de penetración para redes inalámbricas como Aircrack-ng para capturar y analizar paquetes de red.

▶ Usar marcos de pruebas de penetración como Metasploit para identificar vulnerabilidades conocidas y crear exploits personalizados.

▶ Realizar pruebas de entrada de datos para detectar código malicioso y posibles brechas de seguridad.

▶ Realizar pruebas de penetración de contraseñas para evaluar la fortaleza de las contraseñas utilizadas en el sistema.

Es importante destacar que este checklist es básico y que cada prueba de penetración debe ser personalizada y adaptada a las necesidades específicas del sistema y a la empresa.

¿Cuáles son las mejores prácticas para hacer control y seguimiento?

Para ajustarse a las mejores prácticas recomendadas y las obligaciones organizativas o normativas, como las establecidas por NIST e ISO 27000, es necesario implementar metodologías de control, como la profundidad en defensa. Además, es importante evaluar y utilizar indicadores de cumplimiento para gestionar la seguridad física de las infraestructuras tecnológicas.

A continuación, se detalla la importancia de los indicadores de cumplimiento desde el punto de vista de NIST e ISO 27000:

▶ **Evaluación de la conformidad:** los indicadores de cumplimiento permiten evaluar si las medidas de seguridad física implementadas cumplen con los estándares y requisitos establecidos por NIST e ISO 27000. Esto ayuda a identificar posibles brechas o deficiencias en la protección de la infraestructura física y tomar las medidas correctivas necesarias.

▼ **Verificación del grado de protección:** los indicadores de cumplimiento permiten verificar el grado de protección de la infraestructura tecnológica de la organización. Esto ayuda a identificar posibles brechas o deficiencias en la protección de la infraestructura física y tomar las medidas correctivas necesarias.

▼ **Monitoreo continuo:** esto permite detectar cualquier cambio o desviación en tiempo real y tomar medidas preventivas o correctivas de manera oportuna.

▼ **Identificación de áreas de mejora:** analizar los indicadores, se pueden identificar patrones, tendencias o áreas problemáticas específicas que requieren atención adicional y mejoras en los controles de seguridad física.

▼ **Cumplimiento normativo:** estos indicadores demostraron evidencia objetiva de que se han implementado las medidas de seguridad física necesarias para proteger la infraestructura tecnológica.

▼ **Toma de decisiones informada:** proporciona información clave para la toma de decisiones informada en la gestión de la seguridad física. Al tener datos cuantitativos y cualitativos sobre el cumplimiento de los estándares y requisitos, se pueden tomar decisiones basadas en evidencia para mejorar la seguridad física de las infraestructuras tecnológicas.

En España y a nivel global, existen casos de la importancia de los indicadores de cumplimiento en la gestión de la seguridad física de las infraestructuras tecnológicas. Por ejemplo, en 2017, el ciberataque global conocido como WannaCry afectó a miles de organizaciones en todo el mundo, incluyendo hospitales y empresas de servicios públicos.

Este ataque se propagó a través de una vulnerabilidad en el software de Windows, lo que puso de manifiesto la importancia de implementar medidas de seguridad física, como la actualización de software y la gestión de parches, para proteger la infraestructura tecnológica.

Además, la implementación de indicadores de cumplimiento puede ayudar a prevenir futuros ataques y mejorar la seguridad física de las infraestructuras tecnológicas.

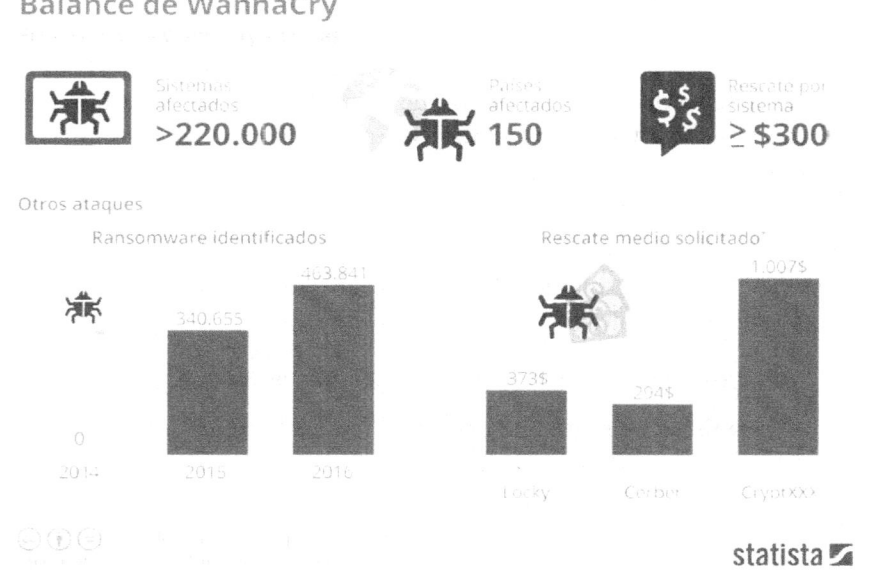

Figura 6.1. Balance de impacto del rasonware WannaCry a nivel global (año 2017). Fuente: es.statista.com

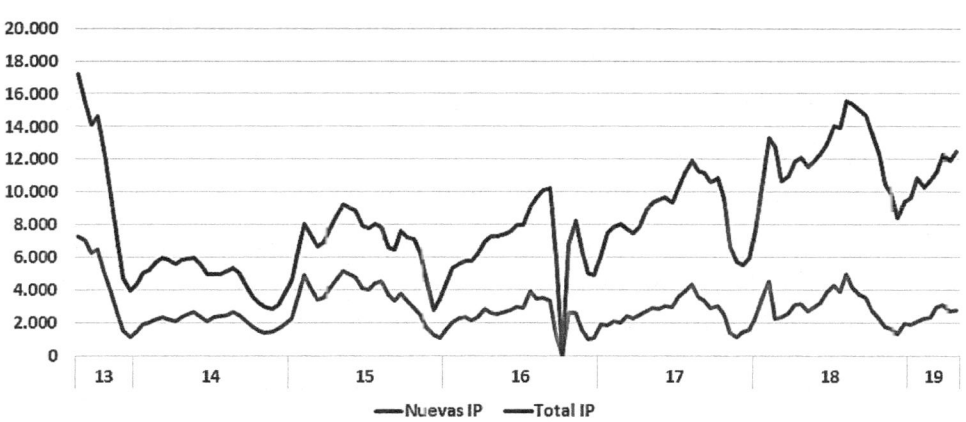

Figura 6.2. Número de direcc ones IP asociadas a WannaCry. Fuente: intel.malwaretech.com

6.5 PROTECCIÓN DE DATOS EN APLICACIONES MÓVILES

Las aplicaciones móviles se han convertido en una parte esencial de nuestra vida cotidiana. Las usamos para todo, desde comunicarnos con nuestros amigos y familiares hasta realizar tareas bancarias y laborales. Sin embargo, las aplicaciones móviles también son vulnerables a los ataques cibernéticos, lo que puede poner en riesgo nuestra privacidad y seguridad.

En este artículo, exploraremos los principales riesgos de seguridad de las aplicaciones móviles y las medidas que los desarrolladores y los usuarios pueden tomar para proteger sus datos.

▶ **Riesgos de seguridad de las aplicaciones móviles**

Las aplicaciones móviles pueden ser vulnerables a una variedad de ataques cibernéticos, incluidos:

- **Inyecciones de código:** los atacantes pueden inyectar código malicioso en una aplicación móvil para robar datos o tomar el control del dispositivo.

- **Explotaciones de vulnerabilidades:** las aplicaciones móviles pueden contener vulnerabilidades de seguridad que pueden ser explotadas por los atacantes.

- **Phishing:** los atacantes pueden enviar mensajes de texto o correos electrónicos fraudulentos que intentan engañar a los usuarios para que revelen sus datos personales.

- **Malware:** los atacantes pueden distribuir malware a través de aplicaciones móviles infectadas.

▶ **Medidas de seguridad para desarrolladores**

Los desarrolladores de aplicaciones móviles pueden tomar una serie de medidas para proteger la seguridad de sus aplicaciones, incluidas:

- **Desarrollar aplicaciones seguras desde el principio:** los desarrolladores deben tener en cuenta la seguridad desde el principio del proceso de desarrollo. Esto significa utilizar buenas prácticas de seguridad, como la validación de entrada y la codificación segura.

- **Realizar pruebas de seguridad:** los desarrolladores deben realizar pruebas de seguridad exhaustivas de sus aplicaciones para identificar y corregir vulnerabilidades.

- **Mantener las aplicaciones actualizadas:** los desarrolladores deben mantener sus aplicaciones actualizadas con las últimas correcciones de seguridad.

▼ **Medidas de seguridad para usuarios**

Los usuarios también pueden tomar una serie de medidas para proteger sus datos personales, incluidas:

- **Instalar aplicaciones solo de fuentes confiables:** los sitios web de terceros y las tiendas de aplicaciones no oficiales pueden ser una fuente de aplicaciones maliciosas. Estas aplicaciones pueden contener malware, que puede robar datos personales o tomar el control del dispositivo. Es importante tener cuidado al descargar aplicaciones de estas fuentes.

  Ejemplo: la App Store de Apple es una fuente segura para descargar aplicaciones móviles. Las aplicaciones de la App Store son verificadas por Apple antes de publicarse, lo que ayuda a garantizar que sean seguras.

  Herramienta: los antivirus móviles pueden ayudar a detectar y eliminar malware de los dispositivos móviles.

- **Leer las reseñas antes de instalar una aplicación:** las reseñas de las aplicaciones pueden proporcionar información valiosa sobre la seguridad de una aplicación. Las reseñas pueden informar a los usuarios sobre los problemas de seguridad que otros usuarios han experimentado con la aplicación.

  Es importante leer las reseñas de las aplicaciones antes de instalarlas. Las reseñas negativas pueden indicar que la aplicación es insegura o que tiene problemas de funcionamiento.

  Ejemplo: la página "Xataka Android" (*https://www.xatakandroid. com*) es un sitio web que se dedica a proporcionar noticias e información sobre el sistema operativo Android y dispositivos móviles relacionados. Algunos de los temas que cubren incluyen el sistema operativo móvil de Google, la tienda de aplicaciones Google Play, aplicaciones, móviles, *tablets* y más.

- **Tener cuidado con las solicitudes de permisos:** las aplicaciones móviles pueden solicitar una variedad de permisos, como acceso a la ubicación, a los datos de contacto o a la cámara. Los usuarios deben tener cuidado con las solicitudes de permisos que no sean necesarias para la funcionalidad de la aplicación.

  Ejemplo: una aplicación de juegos puede solicitar acceso a la cámara del dispositivo para tomar fotos o videos. Sin embargo, si la aplicación no tiene una función que requiera el uso de la cámara, entonces la solicitud de permiso es innecesaria.

- **Usar una contraseña segura:** los usuarios deben usar una contraseña segura para proteger su cuenta de la aplicación. Una contraseña segura es una contraseña que es difícil de adivinar para los atacantes.

  Ejemplo: una contraseña segura debe tener al menos 12 caracteres y debe incluir una combinación de letras, números y símbolos. Una contraseña segura podría ser "%Tr0nGr3n68*3".

  ¿Cómo comprobar si mi contraseña es segura? El servicio password.kaspersky.com es una herramienta en línea proporcionada por Kaspersky que permite a los usuarios verificar la fortaleza de sus contraseñas.

  La herramienta utiliza el servicio **Have I Been Pwned** para verificar si la contraseña ha sido comprometida en una violación de datos anterior.

  Además, la herramienta proporciona recomendaciones para mejorar la fortaleza de la contraseña y hacerla más segura.

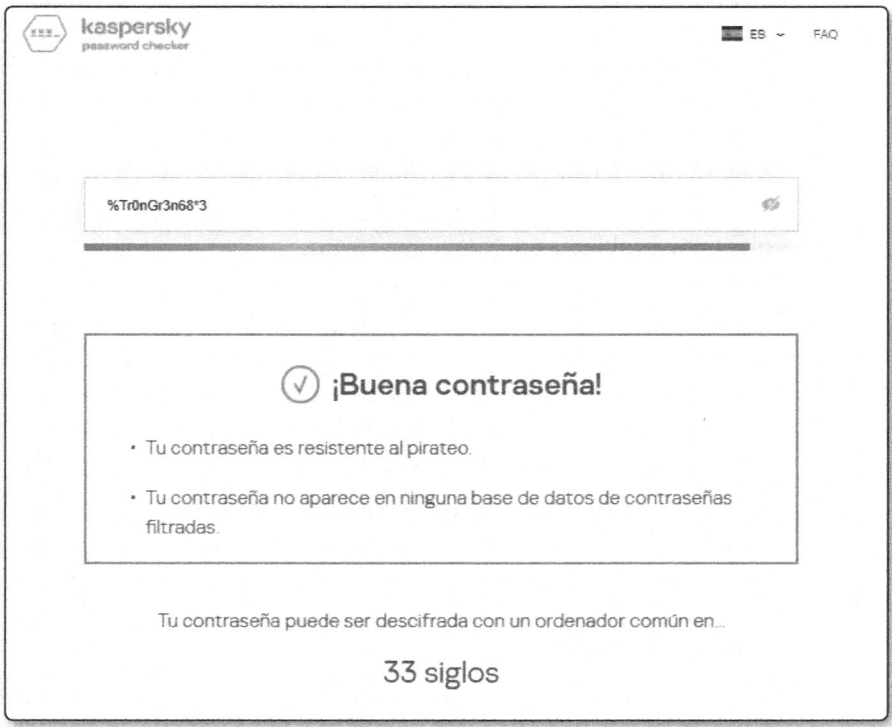

Figura 6.3. Comprobar fortaleza de una contraseña. Fuente: *https://password.kaspersky.com/es/*

Herramientas:

- **Los generadores de contraseñas:** los generadores de contraseñas pueden ayudar a los usuarios a crear contraseñas seguras.

  Aquí hay una lista de algunos de los mejores generadores de contraseñas disponibles en el mercado en 2023, según los resultados de búsqueda:

  - Random.org
  - PasswordBird
  - LastPass
  - Dashlane
  - RoboForm
  - Keeper
  - Norton Password Generator
  - Strong Password Generator
  - Secure Password Generator

- Los administradores de contraseñas: los administradores de contraseñas pueden ayudar a los usuarios a almacenar y administrar sus contraseñas de forma segura.

  Aquí hay una lista de algunos de los mejores administradores de contraseñas disponibles en el mercado en 2023, según los resultados de búsqueda:

  - 1Password
  - Bitwarden
  - Dashlane
  - Keeper
  - LastPass
  - NordPass
  - RoboForm
  - Sticky Password
  - Security Guardian

▶ **Activar la autenticación de dos factores:** la autenticación de dos factores (2FA) proporciona una capa adicional de seguridad para las cuentas de las aplicaciones. Con la 2FA, los usuarios deben proporcionar dos formas de identificación para iniciar sesión en una cuenta.

Una forma de identificación suele ser una contraseña. La otra forma de identificación suele ser un código enviado al teléfono del usuario a través de SMS o una aplicación de autenticación.

Ejemplo: un usuario puede configurar la 2FA para su cuenta de correo electrónico. Cuando el usuario intente iniciar sesión en su cuenta de correo electrónico, se le pedirá que proporcione su contraseña y un código enviado a su teléfono.

Herramientas:

- Las aplicaciones de autenticación: las aplicaciones de autenticación, como Google Authenticator o Authy

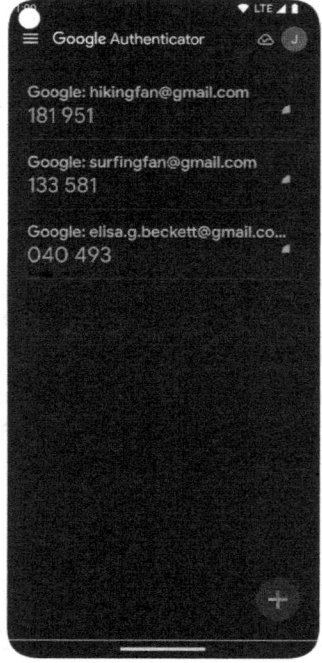

Figura 6.4. App Google Authenticator. Fuente: play.google.com

Recomendaciones adicionales para desarrolladores y pentesters

Además de las medidas anteriores, los desarrolladores y los usuarios también pueden tomar las siguientes recomendaciones para mejorar la seguridad de las aplicaciones móviles:

▶ **Usar cifrado:** el cifrado puede ayudar a proteger los datos personales de los usuarios de ser robados o interceptados.

Ejemplo: una aplicación móvil que almacena datos personales, como contraseñas o números de tarjetas de crédito, debe usar cifrado para proteger estos datos. El cifrado puede ayudar a proteger estos datos incluso si el dispositivo móvil se pierde o es robado.

- **Las bibliotecas de cifrado:** algunas bibliotecas de cifrado populares incluyen OpenSSL, Bouncy Castle y Crypto++.

- **Servicios de cifrado en la nube:** algunos servicios de cifrado en la nube populares incluyen *AWS Key Management Service, Azure Key Vault* y *Google Cloud Key Management Service.*

▶ **Usar un almacén seguro de datos:** las aplicaciones móviles deben usar un almacén seguro de datos para almacenar los datos personales de los usuarios.

Ejemplo: una aplicación móvil que almacena datos personales, como contraseñas o números de tarjetas de crédito, debe usar un almacén seguro de datos para almacenar estos datos. El almacén de datos debe estar protegido por contraseña y cifrado.

Herramientas:

- **Bibliotecas de almacenamiento seguro de datos:** algunas bibliotecas de almacenamiento seguro de datos populares incluyen Realm, SQLite y SQLCipher.

- **Servicios de almacenamiento seguro de datos en la nube:** algunos servicios de almacenamiento seguro de datos en la nube populares incluyen *AWS Secrets Manager, Azure Key Vault* y *Google Cloud Secret Manager.*

▶ **Realizar auditorías de seguridad:** los desarrolladores y las empresas deben realizar auditorías de seguridad periódicas para identificar y corregir vulnerabilidades.

Ejemplo: una empresa de desarrollo de aplicaciones móviles debe realizar auditorías de seguridad periódicas para todas sus aplicaciones. Las auditorías de seguridad pueden ayudar a identificar vulnerabilidades en las aplicaciones que podrían ser explotadas por los atacantes.

Herramientas:

- **Herramientas de auditoría de seguridad:** algunas herramientas de auditoría de seguridad populares incluyen *AppChecker, AppSec Scanner* y *OWASP Mobile Security Testing Guide.*

- **Servicios de auditoría de seguridad:** algunos servicios de auditoría de seguridad populares incluyen Veracode, Checkmarx y AppScan.

6.6 PROCEDIMIENTOS A SEGUIR EN CASO DE INCIDENTES O ATAQUES INFORMÁTICOS

Los incidentes o ataques informáticos pueden ocurrir en cualquier momento y a cualquier persona. Por eso, es importante que los usuarios y el personal de ciberseguridad tengan un conocimiento detallado sobre cómo actuar en caso de que ocurra un incidente.

Los siguientes son algunos procedimientos generales que deben seguirse en caso de incidentes o ataques informáticos:

▶ **Identificar el incidente:** el primer paso es identificar el incidente. Esto puede ser difícil si el incidente no es obvio. Es importante recopilar la mayor cantidad de información posible sobre el incidente, como el momento en que ocurrió, los síntomas y cualquier información adicional que pueda ayudar a identificar el tipo de incidente.

▶ **Evitar que el incidente se extienda:** una vez que se haya identificado el incidente, es importante tomar medidas para evitar que se extienda. Esto puede incluir aislar el dispositivo o sistema afectado, cambiar las contraseñas y otras medidas de seguridad.

▶ **Notificar al personal de ciberseguridad:** si el incidente es grave, es importante notificar al personal de ciberseguridad lo antes posible. El personal de ciberseguridad puede ayudar a investigar el incidente y tomar medidas para minimizar sus impactos negativos.

▶ **Recuperar los datos y sistemas afectados:** una vez que el incidente haya sido contenido, es importante recuperar los datos y sistemas afectados. Esto puede ser un proceso complejo, especialmente si el incidente ha causado daños significativos.

Los estándares que soportan este procedimiento incluyen:

- Estándar de seguridad de la información ISO 27001
- Estándar de respuesta a incidentes NIST SP 800-61

Escenarios posibles de ataques informáticos

A continuación, se presentan algunos escenarios específicos de incidentes o ataques informáticos y cómo actuar en cada caso:

⊩ **Escenario 1 (malware):** un usuario recibe un correo electrónico que parece ser de una entidad legítima, como un banco o una empresa de servicios públicos. El correo electrónico contiene un enlace o un archivo adjunto que, al abrirse, descarga malware en el dispositivo del usuario.

⊩ **Pasos a seguir para el usuario:**

- Aislar el dispositivo inmediatamente. Esto se puede hacer desconectando el dispositivo de la red y desconectándolo de Internet.
- Cambiar sus contraseñas para todas las cuentas que utilizó en el dispositivo afectado.
- Escanear el dispositivo en busca de malware utilizando un antivirus o un software de seguridad de la información.
- Notificar al personal de ciberseguridad lo antes posible.

Pasos técnicos recomendados al personal de ciberseguridad:

- Investigar el correo electrónico y el malware para identificar la fuente del ataque.
- Trabajar para detener el ataque y proteger a otros usuarios.
- Notificar a las autoridades pertinentes sobre el incidente.

⊩ **Escenario 2 (*vishing*):** un usuario recibe una llamada telefónica de alguien que se hace pasar por un empleado de una entidad legítima, como una empresa de servicios públicos o una agencia gubernamental. El estafador intenta engañar al usuario para que proporcione información personal o financiera.

⊩ **Pasos a seguir para el usuario:**

- Colgar la llamada de inmediato.
- Verificar la identidad del llamante antes de proporcionar cualquier información personal o financiera.
- Notificar al personal de ciberseguridad lo antes posible.

⊩ **Escenario 3 (phishing):** un sistema informático es atacado por un malware que roba datos personales o financieros de los usuarios.

⊩ **Pasos a seguir para el usuario:**

- Aislar el sistema inmediatamente. Esto se puede hacer desconectando el sistema de la red y desconectándolo de Internet.
- Notificar la personal de seguridad tecnológica.

Pasos técnicos recomendados al personal de soporte técnico o ciberseguridad:

- Realizar un análisis forense del sistema para determinar el alcance del ataque.

- El personal de soporte técnico debe restaurar los datos afectados desde copias de seguridad.

- El personal de ciberseguridad debe notificar a los usuarios afectados sobre el incidente.

- El personal de ciberseguridad debe trabajar para identificar y corregir las vulnerabilidades que permitieron el ataque.

▶ **Escenario 4 (DDoS):** un ataque de denegación de servicio (DDoS) bloquea el acceso a un sitio web o servicio web.

Pasos técnicos recomendados al personal de ciberseguridad:

- Reiniciar el sitio web o servicio web puede ayudar a eliminar el tráfico malicioso que está dirigido al sitio web o servicio web.

- Uso de filtros de tráfico, el balanceo de carga y otras medidas, para restaurar el acceso al sitio web o servicio web lo antes posible.

- Si un sitio web o servicio web ha sido dañado por el ataque DDoS, se debe restaurar desde una copia de seguridad.

Estos pasos son solo un punto de partida. Es importante que el personal de ciberseguridad tenga un plan de respuesta a incidentes que sea específico para su organización.

▶ **Escenario 5 (*ransomware*):** un usuario de una empresa recibe un correo electrónico de un remitente que se hace pasar por un funcionario de una entidad legítima, como un banco o una empresa de servicios públicos. El correo electrónico contiene un enlace o un archivo adjunto que, al abrirse, descarga ransomware en el dispositivo del usuario. El ransomware cifra los datos del dispositivo y muestra un mensaje que exige un rescate para desbloquearlos.

Pasos a seguir para el usuario:

- No abra el enlace ni el archivo adjunto del correo electrónico.

- Si ya abrió el enlace o el archivo adjunto, desconecte el dispositivo de la red y desconéctelo de Internet.

- Cambie sus contraseñas para todas las cuentas que utilizó en el dispositivo afectado.

- Notifique al personal de ciberseguridad de la empresa lo antes posible.

Pasos a seguir para el personal técnico:

- Aísle el dispositivo afectado de la red.

- Ejecute un análisis forense en el dispositivo para identificar el ransomware y las posibles vulnerabilidades que permitieron el ataque.

- Restaure los datos y el sistema desde copias de seguridad.

- Notifique a los usuarios afectados sobre el incidente.

Pasos a seguir para el personal de seguridad:

- Investigue el correo electrónico y el ransomware para identificar la fuente del ataque.

- Trabaje para detener el ataque y proteger a otros usuarios.

- Notifique a las autoridades pertinentes sobre el incidente.

- Mejore las medidas de seguridad de la empresa para evitar futuros ataques.

Herramientas

Todo plan de acción, debe incluir las herramientas muy necesarias para responder a incidentes de manera efectiva. A continuación se mencionan los procedimientos y estándares que soportan cada acción, así como las herramientas disponibles en el mercado:

- ▶ **Antivirus y software de seguridad de la información:** estas herramientas se utilizan para proteger los sistemas y dispositivos de malware y otras amenazas.

  - Microsoft Defender
  - Kaspersky Anti-Virus
  - Bitdefender Antivirus Plus

- ▶ **Herramientas de análisis forense:** se utilizan para recopilar, analizar y visualizar datos forenses.

  - EnCase
  - FTK Imager
  - X-Ways Forensics

▼ **Herramientas de respuesta a incidentes:** se utilizan para ayudar a las organizaciones a responder a incidentes informáticos.

- IBM Resilient
- ServiceNow
- PagerDuty

▼ **Herramientas de gestión de datos:** se utilizan para recopilar, almacenar y analizar datos.

- Microsoft Azure Data Lake
- Amazon S3
- Google Cloud Storage

▼ **Herramientas de comunicación y colaboración:** se utilizan para ayudar a las organizaciones a comunicarse y colaborar durante una respuesta a incidentes.

- Slack
- Microsoft Teams
- Google Chat

(i) **NOTA**

En todos estos casos es importante tener en cuenta que estas son solo algunas de las herramientas disponibles en el mercado. La mejor herramienta para una organización dependerá de sus necesidades específicas.

▼ **Recomendaciones finales**

- Las organizaciones deben tener un plan de respuesta a incidentes que incluya procedimientos para abordar ataques de ransomware, ataques RDP y hacking.

- Los usuarios deben estar capacitados para identificar y evitar amenazas cibernéticas.

- Las organizaciones deben implementar medidas de seguridad sólidas, como antivirus, firewalls y software de gestión de contraseñas.

6.7 PROTECCIÓN DE LA RED

La protección de la red es fundamental para garantizar la seguridad de los datos y sistemas informáticos. Las organizaciones deben implementar una serie de medidas de seguridad para proteger sus redes de ataques informáticos.

Para los usuarios, las siguientes son algunas medidas de seguridad que pueden ayudar a proteger sus redes:

▶ **Usar contraseñas seguras y únicas:** las contraseñas deben ser difíciles de adivinar y deben cambiarse con frecuencia.

Usuarios Unix/Windows:

● Utilice una contraseña de al menos 12 caracteres de longitud.

● Incluya una mezcla de letras mayúsculas y minúsculas, números y símbolos.

● No utilice su nombre, fecha de nacimiento o cualquier otra información personal como contraseña.

● Cambie su contraseña cada 90 días.

Ejemplo UNIX:

```
# Generar contraseña segura
openssl rand -base64 12
# Cambiar contraseña
passwd
```

Ejemplo UNIX:

```
# Generar contraseña segura
> powershell -c "(Get-Random -Minimum 8 -Maximum 12 | ForEach-Object {[char]$_})
-join ' '"

# Cambiar contraseña
> net user
```

▶ **No abrir correos electrónicos o archivos adjuntos de remitentes desconocidos:** los correos electrónicos de phishing pueden contener malware que puede infectar los dispositivos.

Usuarios Unix/Windows:

- Si recibe un correo electrónico de un remitente desconocido, no abra el correo electrónico ni los archivos adjuntos.

- Si no está seguro de si un correo electrónico es legítimo, comuníquese con el remitente directamente.

Ejemplo Windows:

```
# Ver remitente de correo electrónico
mail -v
```

Ejemplo UNIX:

```
# Ver remitente de correo electrónico
outlook -v
```

▶ **Mantener los sistemas operativos y software actualizados:** las actualizaciones de software suelen contener parches de seguridad que pueden ayudar a proteger los dispositivos de vulnerabilidades conocidas.

Usuarios Unix/Windows:

- Instale las actualizaciones de software tan pronto como estén disponibles.

- Use un servicio de gestión de parches para ayudarlo a mantenerse actualizado.

Ejemplo UNIX:

```
# Actualizar sistemas operativos
yum update

# Actualizar software
yum update <nombre_paquete>
```

▶ **Ser consciente de las amenazas cibernéticas:** las personas deben estar informadas sobre las últimas amenazas cibernéticas para poder protegerse de ellas.

Usuarios Unix/Windows:

- Lea las noticias y artículos sobre ciberseguridad para mantenerse actualizado sobre las últimas amenazas. Especialmente de los fabricantes y de la comunidad de desarrollo GNU/Linux.

- Participe en cursos y seminarios web de ciberseguridad.

Ejemplos:

```
# Seguir canales de noticias de seguridad
X - Twitter follow (@cybersec_feeds)
# Leer artículos de seguridad
https://www.csoonline.com/
```

Para el personal de ciberseguridad, las siguientes son algunas medidas de seguridad que pueden ayudar a proteger las redes:

▶ **Implementar un firewall:** un firewall puede ayudar a bloquear el tráfico malicioso de la red.

Usuarios Unix/Windows:

- Configure un firewall para bloquear el tráfico malicioso.
- Utilice un firewall de hardware o software.

▶ **Usar un antivirus y un software antimalware:** el antivirus y el antimalware pueden ayudar a proteger los dispositivos de malware.

▶ **Monitorear el tráfico de red:** el monitoreo del tráfico de red puede ayudar a identificar posibles ataques informáticos.

- Utilice un sistema de monitorización de red para recopilar datos sobre el tráfico de red.

Ejemplo Windows:

– Recopilación de datos de tráfico de red en Windows: este script recopila datos de tráfico de red de una interfaz de red determinada. El script puede modificarse para recopilar datos de tráfico de red de otras interfaces o redes.

```
@echo off
rem Recopilación de datos de tráfico de red
rem Definir interfaz de red
NETSH INT IP GET ADDR | FINDSTR /I "IPv4" | FINDSTR /I "Default Ga-
teway" > interface.txt
rem Iniciar captura de tráfico
netsh capture start capture=capture.pcap interface=interface.txt
rem Detener captura de tráfico
netsh capture stop capture=capture.pcap
rem Mostrar datos de tráfico capturados
tshark -r capture.pcap
```

Ejemplo UNIX:

```
#!/bin/bash
# Recopilación de datos de tráfico de red
# Definir interfaz de red
INTERFACE="en0"
# Iniciar captura de tráfico
tcpdump -i $INTERFACE -w capture.pcap -c 1000
# Detener captura de tráfico
tcpdump -i $INTERFACE -c
# Mostrar datos de tráfico capturados
tshark -r capture.pcap
```

- Analice los datos de tráfico de red para identificar posibles amenazas.

  Ejemplo UNIX: a continuación se presenta un ejemplo de script shell para analizar el tráfico de red en una red local con Tshark.

```
#!/bin/bash
# Capturar el tráfico de red en la interfaz Ethernet 0
tshark -i eth0
# Aplicar un filtro para capturar solo los paquetes con dirección IP
192.168.1.1
tshark -i eth0 -Y 'ip.addr == 192.168.1.1'
# Imprimir solo el campo "http.host" de los paquetes capturados
tshark -i eth0 -Y 'http' -T fields -e http.host
# Guardar los paquetes capturados en un archivo de captura
tshark -i eth0 -w capture.pcap
```

▶ **Implementar un plan de respuesta a incidentes:** un plan de respuesta a incidentes puede ayudar a las organizaciones a responder a los incidentes de seguridad de manera efectiva.

Ejemplo Windows: a continuación se presenta un ejemplo de script Windows para analizar el tráfico de red en una red local con Wireshark:

```
@echo off
:: Capturar el tráfico de red en la interfaz Ethernet 0
tshark -i Ethernet0
:: Aplicar un filtro para capturar solo los paquetes con dirección IP
192.168.1.1
tshark -i Ethernet0 -Y "ip.addr == 192.168.1.1"
:: Imprimir solo el campo "http.host" de los paquetes capturados
tshark -i Ethernet0 -Y "http" -T fields -e http.host
:: Guardar los paquetes capturados en un archivo de captura
tshark -i Ethernet0 -w capture.pcap
```

- Cree un plan de respuesta a incidentes que describa cómo la organización responderá a un incidente de seguridad.

- Revise el plan de respuesta a incidentes regularmente.

Estos scripts son solo ejemplos básicos y pueden modificarse para satisfacer las necesidades específicas de una organización. Por ejemplo, las organizaciones pueden agregar más filtros para buscar tipos específicos de tráfico sospechoso. Además, las organizaciones pueden utilizar herramientas de análisis de tráfico de red más sofisticadas para realizar análisis más complejos.

PALABRAS FINALES

La ciberseguridad y el hacking son temas de gran importancia en la actualidad, y es fundamental para proteger nuestros equipos y datos de posibles amenazas. En este libro, he explorado diferentes aspectos de la seguridad informática, desde la importancia de tener contraseñas seguras hasta la configuración de firewalls y la detección de malware.

Como dijo el famoso hacker y científico experto en seguridad Dan Kaminsky: "La seguridad es un proceso, no un producto". Esto significa que la ciberseguridad no es algo que se pueda lograr simplemente instalando un software o configurando un firewall. En cambio, es un proceso continuo que requiere atención constante y actualizaciones periódicas.

La seguridad de la información no es solo responsabilidad de los expertos en seguridad, sino de todos los usuarios de equipos informáticos. Cada uno de nosotros tiene un papel que desempeñar en la protección de nuestros equipos y datos, desde la elección de contraseñas seguras hasta la identificación de posibles amenazas.

Recuerda que la ciberseguridad y el hacking son temas importantes y en constante evolución, y siempre hay algo nuevo que aprender. ¡Sigue formándote y conviértete en un usuario más seguro y consciente de la seguridad informática!

¡Hasta la próxima publicación, mis apreciados hackers de la tecnología!

GLOSARIO DE TÉRMINOS

El siguiente glosario recopila los términos más importantes de seguridad informática, ordenados alfabéticamente. Las definiciones se han elaborado con un lenguaje claro y sencillo, para que sean accesibles a un público general.

A

- **Activo de información:** cualquier información o sistema relacionado con el tratamiento de la misma que tenga valor para la organización.

- **Adware:** software que muestra anuncios publicitarios no deseados.

- **Antispyware:** un antispyware es un software de seguridad diseñado para detectar y proteger dispositivos y redes contra el spyware, un tipo de malware que se oculta para recopilar información personal y controlar la actividad en línea.

- **Antivirus:** es un software diseñado para detectar, prevenir y eliminar virus y otros programas maliciosos de un sistema informático, como gusanos, troyanos, rootkits y ransomware.

- **Ataque Distribuido de Denegación de Servicio (DDoS):** es un tipo de ataque informático que consiste en sobrecargar un servidor o una red con tráfico malicioso, con el objetivo de impedir el acceso a los usuarios legítimos.

- **Autenticación:** proceso de verificación de la identidad de un usuario o sistema.

B

- **Backdoor:** se refiere a una entrada o vulnerabilidad oculta o secreta en un sistema informático, red o software que permite el acceso no autorizado a un sistema, a menudo eludiendo las medidas de seguridad.

- **Backup:** copia de seguridad de los datos informáticos.

- **Biometría:** identificación de una persona a través de sus características físicas o fisiológicas.

- **Botnet:** es una red de computadoras o dispositivos comprometidos que están controlados de forma remota por un pirata informático o un ciberdelincuente.

- **Bot:** programa informático que se ejecuta de forma automática, sin intervención humana.

- **Brute force:** método de ataque que consiste en probar todas las posibles combinaciones de caracteres hasta encontrar la contraseña correcta.

- **Bug:** error o defecto en un programa informático.

- **BYOD:** Bring Your Own Device. Política que permite a los empleados utilizar sus dispositivos personales en el trabajo.

C

- **CAPTCHA:** es un sistema utilizado por sitios web para distinguir y verificar de forma automatizada si un usuario es humano o un programa.

- **Catfishing:** se refiere al acto de crear una identidad falsa en línea para engañar a otros, a menudo con fines fraudulentos o engañosos.

- **Certificado de Seguridad (SSL):** actúa como un pasaporte digital, proporcionando una identificación a la web y protegiendo la comunicación con los navegadores mediante una conexión cifrada *Secure Socket Layer)*.

- **Ciberataque:** acción deliberada que tiene como objetivo vulnerar la seguridad de un sistema informático.

- **Ciberdelincuencia:** delincuencia que se comete a través de Internet.

- **Ciberseguridad:** disciplina que se encarga de proteger la información y los sistemas informáticos de los ataques cibernéticos.

- **Cifrado:** es la práctica o proceso que convierte los datos de un formato legible a un formato codificado, es decir, transforma la información en un código para protegerla de accesos no autorizados.

- **Cloud computing:** computación en la nube. Modelo de servicio en el que los recursos informáticos se proporcionan a través de Internet.

- **Contraseña segura:** forma de autenticación basada en una cadena de caracteres alfanuméricos y, a veces, símbolos y caracteres especiales, que configura una clave secreta para proteger el acceso a cuentas, sistemas o recursos digitales.

▼ **Corrupción de datos:** alteración involuntaria o maliciosa de los datos informáticos.

▼ **Cracking:** proceso de vulneración de la seguridad de un sistema informático.

▼ **Criptografía:** conjunto de técnicas que se utilizan para proteger la información mediante el cifrado.

▼ **Criptomoneda:** moneda digital que utiliza la criptografía para garantizar su seguridad.

▼ **Cryptojacking:** es un tipo de ciberdelito en el que se aprovecha de manera subrepticia la potencia de los ordenadores o dispositivos móviles de las víctimas para minar criptomonedas, como Monero, sin su consentimiento.

D

▼ **Deepfake:** vídeo o audio manipulado para que parezca que una persona dice o hace algo que en realidad no ha dicho ni hecho.

▼ **Dispositivo IoT:** dispositivo conectado a Internet.

▼ **DoS:** ataque de denegación de servicio: ataques que tienen como objetivo saturar un sistema informático con peticiones de forma que deje de funcionar.

▼ **Doxing:** también conocido como doxxing, es una forma de acoso que consiste en amenazar a una persona mediante la revelación de datos personales sin su consentimiento.

▼ **Drive-by download:** ataques que se realizan cuando un usuario visita una página web infectada.

▼ **Dropper:** es un tipo de software malicioso (malware) diseñado para instalar o "eliminar" otro malware en el sistema o dispositivo infectado.

E

▼ **E-commerce:** comercio electrónico. Venta de productos o servicios a través de Internet.

▼ **E-mail phishing:** engaño que se realiza a través del correo electrónico para obtener información personal o confidencial.

▼ **Encripción:** proceso de transformación de la información de forma que solo pueda ser descifrada por personas autorizadas.

▼ **Entorno de prueba:** sistema informático aislado que se utiliza para probar la seguridad de otros sistemas.

▼ **Equipo informático:** dispositivo electrónico que se utiliza para el procesamiento de información.

F

▼ **Firewall (WAF):** es una solución de seguridad diseñada para proteger aplicaciones web mediante el monitoreo, filtrado y bloqueo del tráfico HTTP entre una aplicación web e Internet.

▼ **Firewall:** dispositivo o software que se utiliza para controlar el tráfico de red y bloquear el acceso no autorizado.

▼ **Forensic computing:** ciencia forense informática. Disciplina que se encarga de investigar los delitos informáticos.

G

▼ **Gestión de riesgos:** proceso de identificación, evaluación y tratamiento de los riesgos de seguridad.

H

▼ **Hacker:** es un individuo que utiliza tecnología, conocimientos y habilidades para superar desafíos o resolver problemas, a menudo relacionados con dispositivos digitales comprometidos como computadoras, teléfonos inteligentes, tabletas e incluso redes enteras.

▼ **Hacking:** acción de vulnerar la seguridad de un sistema informático.

▼ **HTTPS:** significa Protocolo de Transferencia de Hiper Texto Seguro, es una versión encriptada del protocolo HTTP que utiliza SSL/TLS para cifrar y autenticar la comunicación entre un servidor y un cliente.

I

▼ **Identidad digital:** conjunto de datos que identifican a una persona en el mundo digital.

▼ **Incidente de seguridad:** cualquier evento que pueda poner en riesgo la seguridad de un sistema informático.

▼ **Ingeniería social:** técnica de engaño que se utiliza para obtener información personal o confidencial de las víctimas.

▼ **Intrusion detection system (IDS):** sistema de detección de intrusiones. Sistema que se utiliza para detectar actividades sospechosas en un sistema informático.

▶ **Intrusion prevention system (IPS):** sistema de prevención de intrusiones. Sistema que se utiliza para bloquear actividades sospechosas en un sistema informático.

K

▶ **Keylogger:** software que registra las pulsaciones del teclado.

L

▶ **LAN:** red de área local, que conecta dispositivos en un área geográfica limitada, como un hogar, una oficina o una escuela.

M

▶ **Malware:** software malicioso. Software que tiene como objetivo dañar un sistema informático.

▶ **Man-in-the-browser (MITB):** ataque en el que un atacante se coloca entre un navegador web y un servidor para interceptar los datos.

▶ **Mensajería instantánea:** servicio de comunicación que permite enviar mensajes de texto de forma instantánea.

▶ **Mitigación de riesgos:** medidas que se adoptan para reducir la probabilidad o el impacto de un riesgo.

▶ **Mobile security:** seguridad móvil. Conjunto de medidas que se adoptan para proteger los dispositivos móviles de los ataques cibernéticos.

▶ **Multifactor authentication (MFA):** autenticación multifactor. Proceso de verificación de la identidad de un usuario mediante la combinación de dos o más factores de autenticación.

N

▶ **Nivel de seguridad:** grado de protección que ofrece un sistema informático frente a los ataques cibernéticos.

▶ **Nomenclatura de seguridad:** conjunto de reglas y convenciones que se utilizan para nombrar los activos de información y los sistemas informáticos.

O

▶ **Offensive security:** disciplina que se encarga de realizar pruebas de penetración para identificar y explotar las vulnerabilidades de los sistemas informáticos.

▶ **Operaciones de seguridad:** conjunto de actividades que se realizan para proteger los sistemas informáticos de los ataques cibernéticos.

P

▶ **Paquete de seguridad:** conjunto de herramientas y servicios que se utilizan para proteger los sistemas informáticos.

▶ **Pharming:** es un tipo de ataque cibernético en el que un pirata informático redirige el tráfico de un sitio web a un sitio web falso que parece legítimo para robar información confidencial, como credenciales de inicio de sesión, números de tarjetas de crédito o datos personales.

▶ **Phishing:** engaño que se realiza a través del correo electrónico o las redes sociales para obtener información personal o confidencial.

▶ **Política de seguridad:** conjunto de reglas y procedimientos que se establecen para proteger los sistemas informáticos.

▶ **Privacidad:** derecho de las personas a controlar la información que se recopila sobre ellas.

▶ **Proxies anónimos:** son un tipo de servidor proxy que no proporciona ninguna información sobre la dirección IP del dispositivo del usuario. Sin embargo, puede recopilar datos de "cookie".

▶ **Proxy:** es un programa que actúa como intermediario entre tu dispositivo e Internet. Puede mejorar la velocidad, la seguridad y la privacidad. Los servidores proxy se usan para gestionar el uso de Internet y denegar el acceso a ciertos sitios, o para acceder a recursos con ubicación bloqueada.

Q

▶ **Quantum computing:** computación cuántica. Disciplina que se encarga de desarrollar ordenadores que utilizan los principios de la mecánica cuántica.

▶ **Quorum:** número mínimo de votos necesarios para que una decisión sea aprobada.

R

▶ **Ransomware:** es un tipo de software malicioso que cifra archivos o sistemas completos, haciéndolos inaccesibles para los usuarios hasta que se pague un rescate a los atacantes.

▼ **RAT:** Troyano de Acceso Remoto, es un tipo de malware que permite el acceso no autorizado a una computadora o red. A menudo se disfraza de programa o archivo legítimo y se puede distribuir a través de diversos medios, como archivos adjuntos de correo electrónico, descargas o instaladores de software infectados.

▼ **Red de área amplia (WAN):** red de ordenadores que se encuentran en áreas geográficas separadas.

▼ **Red de área local (LAN):** red de ordenadores que se encuentran en un área geográfica limitada.

▼ **Requisitos de seguridad:** características que deben cumplir los sistemas informáticos para garantizar su seguridad.

▼ **Respuesta a incidentes:** conjunto de acciones que se realizan para mitigar el impacto de un incidente de seguridad.

▼ **Rol de seguridad:** conjunto de privilegios y responsabilidades que tiene un usuario en un sistema informático.

▼ **Rubberhose cryptanalysis:** técnica de descifrado que consiste en obtener la contraseña de un usuario mediante la tortura.

S

▼ **Seguridad de aplicaciones:** medidas que se adoptan para proteger las aplicaciones informáticas de los ataques cibernéticos.

▼ **Seguridad de datos:** medidas que se adoptan para proteger los datos informáticos de los ataques cibernéticos.

▼ **Seguridad de la información:** conjunto de medidas técnicas, organizativas y legales que se adoptan para proteger la información.

▼ **Seguridad de redes:** medidas que se adoptan para proteger las redes informáticas de los ataques cibernéticos.

▼ **Seguridad de sistemas:** medidas que se adoptan para proteger los sistemas informáticos de los ataques cibernéticos.

▼ **Seguridad física:** medidas que se adoptan para proteger los sistemas informáticos de los ataques físicos.

▼ **Seguridad perimetral:** medidas que se adoptan para proteger los sistemas informáticos del acceso no autorizado desde Internet.

▼ **Seguridad personal:** medidas que se adoptan para proteger la información de los usuarios.

- ► **Seguridad proactiva:** medidas que se adoptan para prevenir los ataques cibernéticos.

- ► **Seguridad reactiva:** medidas que se adoptan para mitigar el impacto de los ataques cibernéticos.

- ► **Seguridad sin conexión:** medidas que se adoptan para proteger los sistemas informáticos de los ataques que se realizan sin conexión a Internet.

T

- ► **Tarifa plana:** tarifa que se cobra por un servicio de forma fija, independientemente del consumo realizado.

- ► **Título de seguridad:** documento que acredita la formación y experiencia de una persona en seguridad informática.

- ► **Trabajo remoto:** modalidad de trabajo en la que los empleados no acuden a la oficina, sino que trabajan desde casa o desde cualquier otro lugar.

- ► **Troyano:** un troyano es un tipo de malware que se disfraza de programa o archivo legítimo para engañar a los usuarios para que lo descarguen e instalen. Una vez dentro del sistema, los troyanos pueden realizar diversas acciones maliciosas, como robar información confidencial, instalar malware adicional o proporcionar acceso no autorizado a piratas informáticos.

U

- ► **Uso indebido:** uso de un sistema informático o una aplicación para fines no autorizados.

- ► **Uso legítimo:** uso de un sistema informático o una aplicación para los fines previstos.

- ► **Utilidad:** beneficio que se obtiene del uso de un sistema informático o una aplicación.

V

- ► **VPN:** red privada virtual. Red que se utiliza para crear una conexión segura entre dos ordenadores a través de Internet.

- ► **Vulnerabilidad:** debilidad en un sistema informático que puede ser explotada por un atacante.

W

▸ **WiFi:** red inalámbrica. Red que permite la conexión a Internet sin cables.

X

▸ **XSS:** Cross-site scripting. Ataques que se realizan inyectando código malicioso en una página web.

Y

▸ **YARA:** lenguaje de firmas para detectar malware.

▸ **YubiKey:** dispositivo de autenticación biométrica.

Z

▸ **Zero-day attack:** ataque que aprovecha una vulnerabilidad desconocida por el frabicante de un sistema o aplicación.

BIBLIOGRAFÍA DE SOPORTE

Introducción a la seguridad de la información *https://openaccess.uoc.edu/ bitstream/10609/142807/1/M%C3%B3dulo%201_Introducci%C3%E3n%20 a%20la%20seguridad%20de%20la%20informaci%C3%B3n.pdf*

Los 4 principios de la seguridad informática y su implementación *https://unirfp.unir. net/revista/ingenieria-y-tecnologia/principios-seguridad-informatica/*

Algunas amenazas y sus consecuentes precauciones *https://www.econo.unlp.edu.ar/ detise/amenazasinformaticas-3918*

How to identify security vulnerabilities within an application *https://www.ibm.com/ support/pages/how-identify-security-vulnerabilities-within-application-impacts-and-remediation*

¿Qué es la respuesta a incidentes? *https://www.ibm.com/mx-es/topics/incident-response*

How to identify cybersecurity vulnerabilities *https://fieldeffect.com/blog/how-to-identify-cybersecurity-vulnerabilities*

Software malicioso y no deseado *https://developers.google.com/search/docs/ monitor-debug/security/malware?hl=es-419*

What is Vulnerability in Cyber Security? Types and Definition *https://intellipaat. com/blog/vulnerability-in-cyber-security/*

Windows and Linux operating systems from a security perspective *https://arxiv.org/ ftp/arxiv/papers/1204/1204.0197.pdf*

Windows and Linux interoperability *https://www.redhat.com/sysadmin/windows-linux-interoperability*

Claves de las políticas de seguridad informática *https://www.unir.net/ingenieria/revista/politicas-seguridad-informatica/*

Política de seguridad de la información y SGSI *https://www.ceupe.com/blog/ejemplo-politica-seguridad-informacion-y-sgsi.html*

Política y objetivos de seguridad *https://www.ibm.com/docs/es/i/7.3?topic=security-policy-objectives*

¿Cómo desarrollar una política de seguridad en la empresa? Normas que se deben seguir *https://negociosyempresa.com/politica-de-seguridad-en-la-empresa/*

¿Qué es la tríada de la CIA? La tríada de la CIA explicada *https://fourweekmba.com/es/triada-cia/*

¿Qué es la tríada de la CIA? *https://www.computerweekly.com/es/opinion/Que-es-la-triada-de-la-CIA*

¿Cómo evaluar la seguridad en el acceso a una aplicación? *https://www.auditool.org/blog/auditoria-de-ti/como-evaluar-la-seguridad-en-el-acceso-a-una-aplicacion*

Auditoría de seguridad informática: qué es, ventajas, tipos y fases *https://blog.hubspot.es/website/auditoria-de-seguridad*

CIBERSEGURIDAD INDUSTRIAL: supervisión y detección de anomalías *https://www.cisco.com/c/dam/global/es_es/solutions/internet-of-things/cisco-cyber-vision-ebook-es.pdf*

La ciberseguridad industrial y su importancia *https://www.unir.net/ingenieria/revista/ciberseguridad-industrial/*

Herramientas de ciberseguridad OT para Industry 4.0 *https://www.indx.com/es/event-items/ot-cybersecurity-webinar-how-secure-is-your-plant*

Nmap: the Network Mapper - Free Security Scanner *https://nmap.org/*

Seguridad de Microsoft *https://www.microsoft.com/es-ww/security/business/resources/*

Common Vulnerabilities and Exposures *https://cve.mitre.org/*

National Vulnerability Database *https://nvd.nist.gov/*

Current CVSS Score Distribution For All Vulnerabilities *https://www.cvedetails.com/*

Common Vulnerability Scoring System SIG *https://www.first.org/cvss/*

Kali Tools *https://www.kali.org/tools/*

Implementación de una estrategia de pentesting con software libre *https://www. eumed.net/es/revistas/tectzapic/vol-7-no-1-mayo-2021/estrategia-pentesting*

PTES Technical Guidelines *http://www.pentestingingingstandard.org/index.php/ PTES_Technical_Guidelines*

Guía para gestionar pruebas de penetración (*penetration testing*) *https://www. pcihispano.com/guia-para-gestionar-pruebas-de-penetracion-penetration-testing/*

El Pentesting y su importancia en la ciberseguridad *https://protecciondatos-lopd. com/empresas/pentesting/*

Seguridad en redes wifi *https://www.incibe.es/sites/default/files/contenidos/guias/ doc/guia-de-seguridad-en-redes-wifi.pdf*

Auditoria redes WIFI (OWISAM) *https://sshteam.com/auditoria-wifi/*

OTRAS OBRAS DEL AUTOR

- **Título:** (MF0486_3) Seguridad en Equipos Informáticos. Actualizado 2024

- **Formato:** En papel

- **Editorial:** Ra-Ma

- **Sinopsis:** La presente obra está dirigida a los estudiantes de los nuevos Certificados de Profesionalidad de la familia profesional Informática y Comunicaciones, en concreto al Módulo Formativo Seguridad en Equipos Informáticos.

▶ **Título:** Seguridad de Equipos Informáticos. Edición 2024

▶ **Formatos:** en papel, eBook

▶ **Editorial:** Ra-Ma

▶ **Sinopsis:** El libro constituye una guía completa para aquellos usuarios que quieren proteger su información personal, su privacidad y su seguridad en línea. Con esta obra aprenderá a proteger su información y estar preparados para actuar en caso de una violación de seguridad.

▶ **Título:** Kali Linux para Hackers: técnicas y metodologías avanzadas de seguridad informática ofensiva (2023)

▶ **Formatos:** en papel, eBook

▶ **Editorial:** Ra-Ma

▶ **Sinopsis:** este libro proporcionará al lector los conocimientos y habilidades necesarias para realizar pruebas de penetración (pentesting) y auditorias de seguridad informática, utilizando el sistema operativo.

- **Título:** Curso de Programación Bash Shell: fundamentos teóricos y prácticos para el reconocimiento, evaluación y explotación de vulnerabilidades informáticas (2022).
- **Formatos:** en papel, eBook
- **Editorial:** Ra-Ma
- **Sinopsis:** el propósito general de este libro es introducir al lector en el reconocimiento y escaneo de vulnerabilidades utilizando lenguaje Bash Shell, así como en el diseño de scripts para evaluar la configuración de seguridad de equipos conectados a una red LAN.

SÍGUENOS EN INSTAGRAM Y ACCEDE GRATIS A NUESTRA BIBLIOTECA DIGITAL DURANTE 30 DÍAS.

@grupoeditorialrama

¡ENVIANOS TU MAIL POR PRIVADO!

Grupo Editorial
ra-ma

40 ANIVERSARIO